Norbert Bolz

Philosophie nach ihrem Ende

NORBERT BOLZ

Philosophie
nach ihrem Ende

BOER

Unveränderter Nachdruck der Auflage © 1992
Satz und Druck: Boer Verlagsservice, Grafrath
ISBN 978-3-924963-13-2

Inhalt

Vorwort

Eine Kritische Theorie konnte noch glauben, Philosophie erhalte sich am Leben, weil der Zeitpunkt ihrer Verwirklichung versäumt worden sei. Diese raffinierte Wendung, die sich als Negative Dialektik systematisierte, hat den kritischen Bewußtseinen Alteuropas ein letztes, meist ästhetisches Asyl gewährt. Heute reduziert sich alle Politik darauf, die Menschen vor derartigen Verwirklichungen zu verschonen. Wer unaufgeregt die Signatur der Zeit entziffert, arbeitet nicht mehr an einer Dialektik der Aufklärung, sondern an ihrer Abklärung. Auch die Beatmungstechniken einer negativen, »inversen« Theologie können Philosophie heute nicht mehr am Leben erhalten.

Was heißt dann aber Denken – nach dem Ende der Philosophie? Zunächst läßt sich dieses Geheiß durch eine Reihe von Negationen charakterisieren. Not tut, zumal in Deutschland, eine souveräne Emanzipation der Philosophie von den Phantomen der Ethik. Daß ethische Fragen heute Konjunktur haben, zeigt lediglich, daß die offizielle Philosophie jeden politischen Index verloren hat. Dem entsprechen die inflationierenden Projekte der Sinnstiftung durch Geisteswissenschaftler. Sie haben das Erbe der Religion angetreten und verwalten die alteuropäische Tradition als knappe Resource. Hermeneutik ist eine Droge, die sich der Bildungshumanismus in homöopathischer Dosierung verabreicht, um die Welt der elektromagnetischen Wellen, Strahlungen und Bitströme vergessen zu machen. Deshalb heißt Denken heute, Abschied zu nehmen von den Geisteswissenschaften – gerade in Zeiten ihrer Inflationierung.

Dabei bleiben wir nicht ohne Orientierung. Philosophie nach ihrem Ende knüpft an eine deutsche Tradition »böser« Theorie an, zumal die Nietzsches, Freuds und Heideggers. Es bedurfte eines

Umwegs über Paris und der Relais-Stationen Lacan, Foucault und Derrida, um diese Theorien über die Tabu-Schwelle des kritischen Bewußtseins hierzulande zu heben. Das hat einige der Frankfurter Schüler zum Umdenken gebracht. Sie wurden erwachsen und ersetzten Dialektik durch Strukturalismus, Hermeneutik durch Diskursanalyse und die Attitüde der permanenten Leiderfahrung durch fröhliche Wissenschaftlichkeit. Seither kann man wissen, daß man nicht denkt, wo man ist, und nichts schwerer ist, als die Mauer zum Anderen zu durchbrechen. So lernt etwa der Ethnologe die anderen kennen, aber den Glauben an das Andere verliert er. Und nicht sicherer bin ich mir selbst, denn das Ich ist nur ein Traum, der aus der black box des Gehirns aufsteigt. Wie gesagt: Das alles kann man wissen, seit Lacan Freud, Foucault Nietzsche und Derrida Heidegger wiederholt haben.

Der französische Impuls ging zunächst vom Strukturalismus aus, dann von einer an der Lacanschen Psychoanalyse geschulten Diskursanalyse. Heute stehen wir vor einer neuen Formierung des wahrhaft aktuellen Denkens: als Medientheorie. Nach Jahrzehnten einer Archäologie des Wissens der Gutenberg-Galaxis muß sich das Denken nun einer digitalisierten Welt gewachsen zeigen. An die Stelle der Frage nach Intentionalität und Sinn ist die Frage nach Information und ihrer Verarbeitung getreten. Wir treffen nicht mehr auf Gegenstände, sondern auf black boxes, die dem Beobachter, den man auch gerne User nennt, eine Benutzeroberfläche zeigen. Ihr Output sind Datenströme, deren Unübersehbarkeit das Management von Wissen zum Schlüsselproblem der Gegenwart macht. Das Wissen, nichts zu wissen, ist längst nicht mehr der Anfang aller Weisheit. Heute geht es darum, zu wissen, was man weiß – oder doch wissen könnte. Philosophie nach ihrem Ende ist Wissensdesign – oder ein belangloses Ornament am äußersten Rand der elektronischen Datenverarbeitung. Das hat Folgen für die Form ihrer Theorien. Sie müssen in ihrem Erklärungsanspruch die eigene Halbwertzeit mitreflektieren. Man könnte auch sagen: Philosophische Theorien sollten nur noch mit aufgedrucktem Verfallsdatum verkauft werden – das erspart Enttäuschungen.

Vom *dark continent* der Wahrheit haben wir uns damit natürlich weit entfernt. Deshalb provozieren Überlegungen, wie sie in diesem Buch vorgelegt werden, häufig den Vorwurf, die Position des Autors, seine eigene Meinung sei nicht klar erkennbar. Der Autor nehme nicht Stellung, sondern beschränke sich auf eine – gar affirmative – Beschreibung des Stands der Dinge. Das trifft zu. »Ich habe überhaupt keine Meinung, sondern experimentiere das Problem nur zutage.« (Kierkegaard)

Essen, im März 1992

The wilderness is gathering
all her children back again

Das Böse jenseits von Gut und Böse

In Schellings Philosophie der Offenbarung findet sich eine erstaunliche Apologie des Satans als »nothwendige(m) principium movens aller Geschichte«. Der Böse ist der gute Geist der Möglichkeiten, der stets verneint und widerspricht, weil er allem Starren entgegengesetzt ist. Nur deshalb erscheint er »als Feind der Kreatur«, die nämlich – so Schelling in großartiger Antizipation des Todestriebs – »sich selbst überlassen zur völligen Unbeweglichkeit erstarren würde«. Nur der Stachel des Bösen schützt die Menschengeschichte vor posthistorischer Erstarrung. »Dieß ist die eigentliche philosophische Idee des Satan.« Ohne ihn, so Schelling, würde »die Welt einschlafen, die Geschichte versumpfen«[1].

Auf den ersten Blick scheint das die heute so beliebte These vom bonum-durch-malum zu bestätigen: kompensatorische Malitätsbonisierung im Anschluß an die Leibniz-Theodizee nach dem Prototyp der *felix culpa*; Schellings Satan als Teil von jener Kraft, die stets das Böse will und stets das Gute schafft. Doch Schellings Positivierung des Bösen reicht weiter: Er denkt Disharmonie ohne Negation – eine positive Verkehrtheit. Der Grund des Bösen ist keine Unvollkommenheit, kein zu kompensierender Mangel, sondern das höchste Positive der Natur; nur der Mensch, die vollkommenste der Kreaturen, ist ja des Bösen fähig. Die Emergenz des Bösen, d. h. des Geistes der Entzweiung, aus der Erregung des Naturgrundes hat Schelling ins Bild des »aufgereizten Archäus«[2] gebracht. Es geht

---

1 Schelling, Philosophie der Offenbarung, Bd. II, S. 271, 275
2 Schelling, Sämtl. Werke Bd. VII, S. 366

hier um nicht weniger als einen Angriff auf den Schöpfungsgrund – geführt vom Bösen als Geist. Denn nicht die Leidenschaften des Menschen sind das Böse; es stammt nicht aus dem Leib. Schelling ist weit davon entfernt, die Endlichkeit des Menschen als kompensationsbedürftiges metaphysisches Übel zu konstruieren. Allein im kreatürlichen Geist erreicht das Böse die Macht der Entzweiung, die das Seiende im Ganzen bedroht. »Das Böse ist in gewissem Betracht das reinste Geistige, denn es führt den heftigsten Krieg gegen alles Seyn«[1]. Deshalb legt Schelling größten Wert darauf, die Figur des dämonisch Bösen von allen Assoziationen der Sinnenlust und des Genießens freizuhalten.

Das Böse stammt also nicht aus der Endlichkeit selbst, sondern »aus der zum Selbstsein erhobenen Endlichkeit.«[2] Den Eigenwillen zum Herrschenden zu erheben und das Geistige in sich zum Mittel zu depotenzieren, ist der Versuch des endlichen Menschen, die »ihm nur geliehene« Bedingung seiner Existenz in die Gewalt zu bekommen. Böse ist also nicht die Erregung des Eigenwillens, sondern seine Emanzipation im autonomen Selbst. »Die aktivierte Selbstheit ist notwendig zur Schärfe des Lebens«[3]. Was jene philosophische Idee des Satans für die Geschichte, ist die aktivierte Selbstheit für das einzelmenschliche Leben: Schutz vor der Entropie des Todestriebs.

Damit ist aber die dialektische Selbigkeit von Gut und Böse erwiesen: Das Gute in der Entzweiung ist das Böse, das Böse ist in seiner Wurzel das Gute. Doch diese Selbigkeit erweist sich nur im Kampf; nur der ist des Guten fähig, der in sich die Kräfte zum Bösen (überwunden) hat. Es gibt kein lebendiges Gutes, das nicht ein unterworfenes Böses in sich trüge. Damit formuliert Schelling eine schneidende Antithese zur negativen Moral Kants, für den ja die

---

1 a. a. O., S. 468

2 a. a. O., S. 370 Anm. – Diese Denkfigur scheint Schelling von Jakob Böhme übernommen zu haben: »aller böser Teuffel als nemlich ein selbstgefaßter Wille zur Eigenheit, ein abtrünniger vom ganzen Wesen in eine Phantasey« – Gnaden-Wahl c. 2,12

3 a. a. O., S. 399f. – Schelling folgt hier Franz Baader; ›aktivierte Selbstheit‹ heißt bei Baader *entzündete Ichheit*; wenn Schelling das Böse an den Versuch, die Versuchung des endlichen Menschen, knüpft, die eigene Existenzbedingung in die Gewalt zu bekommen und den Eigenwillen zum Herrschenden zu erheben, so heißt es schon bei Baader vom ›tantalischen Grimm der Selbstsucht‹, daß hier das dienende Zentrum herrschend in die Peripherie trete.

Leidenschaften ohne Ausnahme böse waren und der sie als Krebsschäden für die praktische Vernunft verfemt hat.

Schelling konzipiert das Böse als positive Verkehrtheit; doch das darf nicht als gnostisch mißverstanden werden. Das Böse ist kein Wesen, das an sich Realität hätte, »sondern ein Unwesen, das nur im Gegensatze eine Realität hat«[1]. Philosophisch läßt sich nach dieser ungeheuerlichen Realität des Unwesens zunächst nur als nach dem Sein von Nichtseiendem fragen. Hier erzählt Schelling nun eine dramatische Geschichte vom Einbruch des Nichts ins Sein, der jene böse Realität *im Gegensatz*, die positive Disharmonie, konstituiert. Weil die Realität des Bösen nur im Gegensatz ist, bestimmt Schelling seine philosophische Entsprechung, das Nichtseiende, als *relativ*; der Ausdruck hat also nichts Abschwächendes, sondern besagt lediglich: parasitäres Sein im Gegensatz. So lautet Schellings prägnanteste Definition: »das Böse ist eben nichts anderes als das relativ Nichtseyende, das sich zum Seyenden erigirt, also das wahre Seyende verdrängt. Es ist von der einen Seite ein Nichts, von der andern ein höchst reelles Wesen.« Diese das Seiende verdrängende Erektion des Nichts produziert Schein. Und wenn Schelling sagt, das Böse sei einerseits nichts, andererseits höchst reell, so will er damit die ungeheure Macht des Scheins im Leben charakterisieren. Das Böse ist »nur ein Scheinbild des Lebens [...] – ein Schwanken zwischen Seyn und Nichtseyn«, das »nichtsdestoweniger aber dem Gefühl sich als etwas sehr Reelles ankündigt«[2].

* * *

Der Schein im Leben, also jenes Schwanken zwischen Sein und Nichts, manifestiert, daß es so etwas gibt wie ›Sein des Nichts‹, und zwar gerade als Möglichkeit des Bösen. Wenn sich der böse Wille aber Wirklichkeit verschafft, so kann diese doch nicht als eine Wirklichkeit gelten, die ihrem Begriff entspräche. »Als Erscheinung wirklich, ist ihr Wesen das Nichts des Unwesens.« Die böse Tat produziert gespenstige Nichtigkeit; »dies Scheindasein des Bösen«, sagt Karl Rosenkranz, eröffnet eine »Welt des Nichts«[3].

1 a. a. O., S. 409
2 a. a. O., S. 366, 459
3 Rosenkranz, Ästhetik des Hässlichen, S. 324

Dem Bösen wird das Nichts zur Welt; in der Ästhetik des Häßlichen wird erstmals ihre Topographie erstellt. Die Welt des Nichts ist ja nicht nur ethisch-religiös die des Bösen, sondern auch ästhetisch die des Häßlichen. Das Christentum, das ernst macht mit der Erkenntnis des Bösen (*gen. subj.* und *obj.*) und seiner Überwindung, hat ja damit auch das Häßliche in die Kunstwelt eingeführt. Hegel und der Teufel sind die Führer auf Rosenkranz' Abstieg in die ästhetische Hölle. Für die Tauglichkeit von Ästhetik als Höllenkunde steht Goethes Mephisto ein, in dem sich »die eigene negative Tiefe« des Bösen selbst ausspricht; gerade die poetische Form ist geeignet, es darzustellen, weil sie die »Genesis« des spezifischen Wahnsinns aufzeigen kann, aus dem es entspringt. Denn das diabolisch Böse ist wahnsinnig, sofern es als »selbstbewußtes Zerrbild«[1] des Guten an das gefesselt bleibt, wogegen es opponiert – es grinst ihm entgegen und fletscht die Zähne, sagt Rosenkranz.

Dieser moralische Wahnsinn ist einer des 19. Jahrhunderts. Wahnsinn ist nun nicht mehr wie im Mittelalter an ein Böses in Gestalt imaginärer Transzendenzen gebunden, sondern durch bösen Willen verschuldet: Das Böse ist Emergenz eines Wahnsinns, der in einer ethischen Irre aufbricht. Rosenkranz interniert nun die Drohung des wahnsinnigen Bösen in einem System dialektischer Bestimmungen: Zwar sei es frei in der Produktion des Bösen, doch zugleich absolut unfrei, weil gefesselt an die Negation der wahren Freiheit; die parasitäre Freiheit des Bösen erschöpfe sich im Willen, das Gute nicht zu wollen. Rosenkranz definiert ihn deshalb als den »Willen, der das Nichts will«[2]. Jenseits von Gut und Böse ist dieses Formular des Bösen dann zum Schlüsselsatz einer ultimativen Genealogie der Moral geworden: Lieber noch will der Mensch das Nichts wollen, als nicht wollen...

Der Wille zum Nichtwollen des Guten, das »monströse Wunder« des absoluten Widerspruchs, wird durch seine formale Freiheit kunstfähig – nämlich im Teufel. Rosenkranz hat gesehen, welche

1 a. a. O., S. 360, 363. – Das bestätigt der klinische Befund seit dem 18. Jahrhundert: »Dans la fureur, si souvent mentionnée sur les registres de l'internement, la violence ne soustrait pas à la méchanceté ce qui relève de la folie, mais leur ensemble forme comme l'unité du mal livré à lui-même, dans une liberté sans frein.« – Foucault, Histoire de la folie, S. 153

2 a. a. O., S. 371

spezifisch moderne Möglichkeit darin liegt: Man wird zum Teufel, um die Hölle des Schönen auszuschöpfen. »Das satanische Subjekt hat einen gewissen Enthusiasmus der Verworfenheit«[1] – das gilt für den Teufel des christlichen Dogmas ebenso wie für den Artisten der Moderne. Und nirgendwo ist Rosenkranz' Ästhetik des Hässlichen prägnanter, polemischer und rhetorisch virtuoser als in den Passagen, die den ästhetischen Satanismus seiner Kunstzeitgenossen geißeln: Man schwelgt im Gefühl der Verworfenheit, genießt die Sünde und erbaut sich an der Schönheit des Ekels; die Heroen der ästhetischen Moderne sind *contemplative Teufel.* Und als solche entsprechen sie einem allgemeinen Bedürfnis: »Aus den unruhig ermatteten, genußgierigen, impotenten, übersättigt gelangweilten, vornehm cynischen, zwecklos gebildeten, jeder Schwäche willfahrenden, leichtsinnig lasterhaften, mit dem Schmerze kokettirenden Menschen der heutigen Zeit hat sich ein *Ideal satanischer Blasirtheit* entwickelt«[2].

Rosenkranz' Kritik der Moderne ließe sich also auf die Formel bringen: Ästhetisch souverän ist, wer über den diabolischen Ausnahmezustand entscheidet. Denn diesen in der Welt zu begründen, ist seit je das Ziel des Teufels. Doch sein Anspruch auf absoluten Geist und totale Macht zerschellt an Gottes Ordnungskraft und produziert nur eine komische »Duodezallwissenheit und Miniaturallmacht«. Der Teufel ist so eigentlich immer schon der dumme – und letztlich: der *clown*[3]. Das schreibt Rosenkranz den satanistischen Artisten seiner Zeit – von Schlegel bis Heine – ins Stammbuch.

* * *

1853 erschien die Ästhetik des Hässlichen. Vier Jahre später erscheinen Les Fleurs du Mal. Den Sinn der Formel macht Baudelaire schockhaft deutlich, wo sich in einem Gedicht mit dem poetischen Titel Une Charogne »la carcasse superbe / Comme une fleur« erhebt. Der unerhörte, skandalöse Ton dieser Gedichte verdankt sich einem streng satanistischen Programm: der Bewußtheit im Bösen – »La

1 a. a. O., S. 371f.
2 a. a. O., S. 382 – Das ist bekanntlich der Schlüsselbegriff von Simmels Soziologie der Großstädte und des Geisteslebens; vgl. Simmel, Brücke und Tür, S. 232: »Es gibt vielleicht keine seelische Erscheinung, die so unbedingt der Großstadt vorbehalten wäre, wie die Blasiertheit.«
3 a. a. O., S. 383

conscience dans le Mal!«[1] Der Artist inszeniert sich als der Held, der die Kraft hat, sich an den Reizen des Horrors zu berauschen; planmäßig sucht er nach dem perfekten Monster, gewillt, nur die crème des Bösen zu genießen. Dem entspricht eine Erotologie, die nicht Engel vergöttern, sondern Hexen verfallen will; und zwar betet der Artist nicht die tödlichen Frauen an, sondern die schreckliche Passion, die ihn an sie kettet. Den Lockungen dieser Hexen von Paris zu folgen, wird zum Königsweg auf der Suche nach dem Neuen.

Baudelaire ist auf der Spur jener dem klassischen Geschmack unbekannten Schönheiten, die aus Mattigkeit, Schwermut und unbestimmter Sehnsucht geboren werden (beautés inconnues de langueur). Dabei folgt er einer Stimme, die ihn zu Traumreisen verlockt – damals waren das noch Reisen in Träumen, die aus dem finsteren Babel der Bücher aufstiegen. Ausdrücklich führt das Gedicht La Voix die verführerische Stimme als Bibliotheksphantasie ein; sie führt im Medium des Traums in singuläre Welten »Au delà du possible, au delà du connu!« Die Welten unbekannter Schönheiten eröffnen sich erst, wenn der Existenzdekor zerreißt; deshalb ist dem Artisten die Welt der Tatsachen eine einzige Lüge: »les yeux au ciel, je tombe dans des trous.«[2] Das ist natürlich ein eminent philosophisches Zitat; zitiert wird der Protophilosoph in seinem Sturz. Denn die Realität des Artisten ist eine Sonderwelt wie die des Astronomen Thales; beide riskieren es, die Sorge um sich zugunsten des Himmelsblicks zu suspendieren. Doch Baudelaires Artist blickt an den Himmel, um abzustürzen; er will ja von der Welt der Tatsachen loskommen und sehnt sich nach dem Sturz in den Abgrund der Träume. Es definiert geradezu die artistische Obsession der Moderne, diesen Sturz ins Loch des Realen als gout du néant, als horreur sympathique zu genießen; sie sucht nach dem Leeren und Schwarzen, nach dem Obskuren und Ungewissen.

Aus diesem Abgrund, in dem das Göttliche vom Höllischen, die Wohltat vom Verbrechen nicht mehr zu unterscheiden ist, steigt die neue Schönheit auf. Wer auf den Rausch nicht verzichten will, muß es riskieren, vergiftet zu werden; denn alles ist eine Frage der

---

1 Baudelaire, Les Fleurs du Mal. Die Blumen des Bösen, S. 214
2 Baudelaire, Nouvelles Fleurs du Mal. Neue Blumen des Bösen, S. 60

Dosierung, des Mischungsverhältnisses von Göttlichem und Höllischem – das gilt für Rauschmittel genauso wie für die moderne Schönheit. Wenn sie nur die Scheußlichkeit des Universums reduziert, ist es gleichgültig, ob die moderne Schönheit, dieses gewaltige, erschreckende Monster, von Satan oder von Gott, vom Himmel oder von der Hölle stammt – qu'importe, O Beauté! So what!

Die Blumen des Bösen wachsen in den künstlichen Paradiesen, die von den ästhetischen Produktivkräften der Natur, nämlich Traum und Rausch, gegen diese Natur selbst erschaffen werden. So wird alles, was die Selbsterhaltung des Menschen bedroht, zum Alliierten des Artisten. Baudelaire nobilitiert den Tod zum Kapitän seiner Traum-Reisen; nur seine höllischen Gifte sind noch taugliche Stimulantien ästhetischer Erfahrung: »Nous voulons [...] / Plonger au fond du gouffre, Enfer ou Ciel, qu'importe? / Au fond de l'Inconnu pour trouver du *nouveau*!«[1]

Bekanntlich eröffnet Baudelaire die Fleurs mit einer Ansprache an den Leser, seinesgleichen, jener Langeweile verfallen, die vom Blutgerüst träumt. Sein monströses Begehren nach dem Grauenhaften führt ihn Schritt für Schritt, Gedicht für Gedicht in die Höllentiefe. Baudelaire hat dafür ein großes Bild gefunden: Satan Trismegistos wiegt den verzauberten Geist auf dem Kissen des Bösen. Dreimalgroß heißt er wie jener Hermes-Thot, der die Alchemie begründet haben soll; ihr modernes Pendant ist der ästhetische Satanismus. So wie Gott Herr des Paradies-Gartens der Seligen ist Satan der Patron der Elenden im künstlichen Paradies, »où toute énormité fleurit comme une fleur.«[2]

Baudelaire selbst hat es immer wieder nahegelegt, seinen Kult des Bösen als ästhetische Gnosis, seinen Satan als *deus absconditus* zu verstehen. So folgt auf den berühmten gnostischen Kampfruf, der den verfemten Teil der Heilsgeschichte zum Himmelssturm aufruft – *Race de Caïn, au ciel monte, / Et sur la terre jette Dieu!* –, unmittelbar die Satanslitanei, die den Bösen als vom Schicksal verratenen Gott bekennt: »le plus savant et le plus beau des Anges, Dieu trahi par le sort«[3]. Diesen vom Schicksal verratenen Gott hat schon

1 Baudelaire, Les Fleurs du Mal, S. 338
2 Baudelaire, Nouvelles Fleurs du Mal, S. 110
3 Baudelaire, Les Fleurs du Mal, S. 312, 314

Proudhon als Genius der Revolution gefeiert; sein klügster und schönster Engel heißt Luzifer. In dessen Diensten kämpft Proudhon gegen den Schöpfergott als das Böse selbst. Gott ist der Feind des Menschen, und jeder Fortschritt ist ein Schritt über Gott hinweg. Gottes Wege sind nicht unerforschlich, und was Proudhon auf diesen Wegen findet, ist die Bösartigkeit dessen, der Adam grundlos straft und Prometheus grausam quält: Jehova, wir kennen Dich.

Der Aufstand Luzifers gegen Jehova spielt von Anfang an ins Ästhetische. Baudelaires schönster und klügster Engel hieß ja einmal Luzifer, weil er, wie Bonaventura sagte, prae ceteris luxit, suaeque pulchritudinis consideratio eum excoecavit. Luzifer ist wesentlich schön und eben damit – religiös beurteilt – böse. Das ästhetische Moment des Luziferischen ist also zentral. Entsprechend wird dann eine ethische Kritik weltsetzender Kunst »das Luciferische als den metaphysischen ›Ort‹ des Ästhetischen«[1] bestimmen. Und gerade die autonome Kunst der Moderne exponiert sich dem Verdacht des Luziferismus. Max Weber hat das in aller Deutlichkeit ausgesprochen und gefragt, »ob das Reich der Kunst nicht vielleicht ein Reich diabolischer Herrlichkeit sei, ein Reich von dieser Welt, deshalb widergöttlich im tiefsten Innern«. Denn in der Moderne konstituiert sich Kunst »als ein Kosmos immer bewußter erfaßter, selbständiger Eigenwerte. Sie übernimmt die Funktion einer, gleichviel wie gedeuteten, innerweltlichen *Erlösung*«[2]. Und zwar erlöst der Luziferismus der reinen Formen zu einer absoluten ästhetischen Bedeutsamkeit.

* * *

Bekanntlich hat Baudelaire Richard Wagner und dem ›Tannhäuser‹ in Paris einen großen, enthusiastischen Essay gewidmet. Er preist Wagners souveränes Wissen um das Teuflische im Menschen: die satanischen Kitzel der Liebe und die Wollust des Verbrechens; das Übermaß des Begehrens werde bis auf die Höhe einer Gegenreligion getrieben, die das Böse gemäß einer Logik der Hölle entfessle. Doch erst Nietzsche hat die luziferische Zauberkunst Wagners theoretisch durchdrungen und ist zu einer Theorie des Bösen jenseits von Gut und Böse vorgedrungen. Seine genealogischen Forschungen

1 Lukács, Werke Bd. 17, S. 132
2 Weber, Religionssoziologie Bd. I, S. 555 und Wissenschaftslehre, S. 600

zielen ja darauf, das Gute, Wahre und Schöne als Emergenzen des Bösen zu erweisen. So transponiert Nietzsches Genealogie Baudelaires Gedichte auf die Ebene des Begriffs; Adrian Leverkühn hat das dann auf die prägnante Formel gebracht, man müsse »das Gute die Blüte des Bösen nennen – une fleur du mal.«[1] Wie der ästhetische Satanist ist der Genealoge der Moral ein Abenteurer im Bösen.

Nietzsches Genealogie der Moral entwickelt eine Zeitdialektik von Gut und Böse: Das Böse ist ein Atavismus des ehemalig Guten und das Gute ein in Dienst genommenes Böses von ehedem. Kultur als Triebverzicht aber transformiert das primitiv Böse ins Soziale: Der Tierquäler wird zum Tierschützer, der kleine Sadist zum Menschenfreund. »Alles Furchtbare in Dienst nehmen, einzeln, versuchsweise, schrittweise – so will es die Aufgabe der Cultur. [...] Überall, wo eine Cultur ihr Böses ansetzt, bringt sie damit ein Furchtverhältniß zum Ausdruck«[2]; sie markiert damit den Bereich des Verbotenen und Feindlichen. Deshalb lautet Nietzsches entscheidende Frage an eine Kultur: Nimmt sie das Böse souverän in Dienst oder verdrängt sie es? Und gerade auch der Prozeß der wissenschaftlichen Neugierde, der diese Frage am Ende des christlichen Zeitalters überhaupt erst zu stellen erlaubt, ist eine Dienstleistung des Bösen. Daß etwas wahr sein kann, obwohl es schädlich und gefährlich ist; daß die Bösen für die Erkenntnis besser disponiert sein könnten als die Guten, weil sie Lust an dem Schnitt ins Lebendige haben, den man Erkennen nennt; daß alles, was die Guten böse nennen, zusammenkommen muß, um eine Wahrheit zu gebären – das sind Zarathustras Wahrheiten, zu denen man schon ›böse genug‹ sein muß.

In Nietzsche verwindet sich die Moralistik zur Sympathie für den Teufel, als welcher der Übermensch den Guten in der Tat erscheinen muß. Sein Privileg ist schwere Schuld; seine Souveränität gründet in absoluter Schuldverantwortlichkeit. Nietzsche lehrt das *transcendens* der Immoralität in einer entmoralisierten, entzauberten Welt. Und wer es wagt, in ihr zu leben, wird das Böse als das Unbesiegte, Tabu erkennen. Im Eis des Fragwürdigen, im Hochgebirge des Verbotenen hat er die verborgene Geschichte der Philosophie

1 Th. Mann, Doktor Faustus, S. 363
2 Nietzsche, Sämtl. Werke Bd. 13, S. 484; vgl. Bd. 12, S. 413, 511f. und Bd. 9, S. 477

geschrieben. Deshalb ist nicht mehr der Sternenhimmel des *contemplator caeli* sondern der blaue Tageshimmel die Grundmetapher von Nietzsches Philosophie. Denn am Großen Mittag fällt das Licht senkrecht und verkürzt die Schatten; das ist die Zeit der furchtbarsten Aufhellung.

So besteht Zarathustras Menschen-Klugheit darin, sich von den Guten und Gerechten den »Anblick des Bösen nicht verleiden«[1] zu lassen. Das Böse unter der Sonne des Südens erweckt ein neues *thaumazein*, ein Erstaunen darüber, wieviel Zukunft in dem liegt, was bisher als satanisch verschrien wurde. Daß der Übermensch in den Diskurs der Guten und Gerechten nur als Teufel Einzug halten würde, galt Nietzsche von Anfang an als ausgemacht. »Zarathustra, der erste Psycholog der Guten, ist – folglich – ein Freund der Bösen.«[2] Das gibt der fröhlichen Wissenschaft eine luziferische Färbung. Denn innerhalb des theologischen Registers stellt sich dieser Versuch, die durch den Gottesmord vakant gewordene Stelle durch den Übermenschen zu besetzen, als eine »Vergöttlichung des Teufels« dar. Wer, wenn es einen Gott gäbe, es nicht aushielte, kein Gott zu sein, und daraus schließt, daß es keinen Gott gibt, vergöttlicht das in Gottes Namen Verworfene. Das ist der Klartext des Satanismus: »die Heiligung der mächtigsten furchtbarsten und bestverrufenen Kräfte«[3].

Jenseits von Gut und Böse wird das Böse als die beste Kraft derjenigen Menschen sichtbar, die über das, was sie sind – eben Menschen –, hinaussteigen wollen. Wer sich von der Moral emanzipiert hat, will das Böse nicht mehr unschädlich machen sondern instrumentalisieren. Und je größer die »Herrschaft des Bösen«, um so größer auch die Kraft, um die Naturgewalt der Affekte in Dienst zu nehmen. Für Nietzsche sind alle Blumen – und gerade auch die Blume Menschlichkeit – fleurs du mal, denn sie wachsen auf einem von wilder Zerstörung bereiteten Grund. »Die schrecklichen Energien – Das, was man das Böse nennt – sind die cyklopischen Architekten und Wegebauer der Humanität.«[4]

---

1 Nietzsche, Sämtl. Werke Bd. 4, S. 185
2 ebd., Bd. 6, S. 369
3 ebd., Bd. 12, S. 11
4 ebd.,Bd. 2, S. 205; Nietzsche, Werke III, S. 577

Daß Nietzsche in diesem Zusammenhang immer wieder Naturvergleiche anstellt, hat seinen schlichten Grund darin, daß sein Immoralismus am Modell böser, d. h. grausamer, vernichtender Natur abgelesen ist. So notiert er Ende 1882 seinen immoralistischen Imperativ: »Man soll das Böse schonen, wie man den Wald schonen soll.«[1] Unermüdlich variiert Nietzsche dieses Bild: Der Baum des starken Individuums wächst um so mächtiger in die Höhe, je tiefer er seine Wurzeln ins Böse treibt. Die Menschen sollen nicht fortschreiten zum Besseren, sondern böser werden; nicht die Entfremdung überwinden, sondern neue Klüfte aufreißen.

Der luziferische Befreiungsakt, der das Böse in unser Bestes umtauft, zieht nur die Konsequenz aus der genealogischen Einsicht, daß die Besten die Bösesten sind; denn das feinste Gewissen, das nur die Besten haben, ist eben immer das böse Gewissen, das ihnen die Selbstempfindung aufzwingt, notwendig böse zu sein. »Wer sich aber so empfindet, ist es auch!« Deshalb gilt Nietzsches immoralistischer Angriff dem bösen Gewissen, das das Leben im Schein des Bösen befangen hält. »Wenn der Mensch sich nicht mehr für böse hält, hört er auf, es zu sein!«[2]

Der genealogische Modus, das Böse zu schonen, besteht darin, seinen Ressentimentbegriff zu destruieren. Denn als böse erscheint dem Ressentiment jede Macht und Vornehmheit, jede Gefahr und Gewalt der Formveränderung. Deren theoretischer Bonisierung entsprechen Praktiken, die das Gewissen austreiben: Techniken der Selbstbehauptung des Individuums kraft des Bösen gegen die Ressentiment-Moral der Vielen. Die Parole lautet deshalb: Zurück zum Bösen! Denn »wir sind des Guten müde« und sehnen uns zurück in jene »›Wildniß‹ der Seele«, aus der uns die Erfinder des Gewissens vertrieben haben: »wir genießen unsre unordentlicheren, wilderen, verrückteren Augenblicke, wir wären im Stande, ein Verbrechen zu begehen, nur um zu sehn, was es mit einem Gewissensbiß auf sich hat«[3].

Daraus erklärt sich auch, warum Nietzsche die Philosophen heißt, sich einzuschiffen und aufs offene Meer hinauszufahren. Denn von alters her – und zumal christlich – gilt das Meer als Sphäre bedroh-

1 Nietzsche, Sämtl. Werke Bd. 10, S. 191
2 ebd., Bd. 3, S. 140 und Bd. 9, S. 645
3 ebd., Bd. 12, S. 310

licher Ungewißheit und damit als Erscheinungsort des Bösen. Die Metapher von der philosophischen Fahrt ins Blaue des offenen Meeres macht besonders deutlich, auf welche Qualitäten Nietzsche in seiner Umwertung des Bösen zielt: das Jenseits der Sitten, das Willkürliche, Unvorhersehbare, der Zufall und das Plötzliche. Der Kern des Bösen ist das Unberechenbare – jenes schon von Baudelaire gesuchte schlechthin Neue. Die Philosophen auf den Schiffen treibt nicht mehr Erkenntnisinteresse sondern Lust am Risiko.

Solange der Blitz in Häuser einschlug, war er ein furchtbarer Zufall, der die Furcht vor dem Zufall begründete. Seit es aber Blitzableiter und analoge Sicherungsmechanismen der Zivilisation gibt, schwindet die Angst vor der radikalen, letalen Kontingenz; und was bisher perhorresziert wurde, bildet nun das Medium raffinierter Lüste: der Zufall, das Ungewisse, das Plötzliche. Damit aber verschwindet das Theodizee-Problem, denn nun werden die Weltübel als Stimulantien des Lebens rezipiert. Genau das, was in christlichen Koordinaten das Nein zur Welt provozierte, motiviert jenseits von Gut und Böse das absolute Ja und Amen. Der neue Mensch, der in die Wildnis der Seele, ins Herz der Finsternis zurückgekehrt ist, »genießt das Übel pur, cru, er findet das sinnlose Übel als das interessanteste. Hat er früher einen Gott nöthig gehabt, so entzückt ihn jetzt eine Welt-Unordnung ohne Gott, eine Welt des Zufalls, in der das Furchtbare, das Zweideutige, das Verführerische zum Wesen gehört«[1]. Dieser Umdeutung der Weltübel in Stimulantien des Lebens entspricht eine Ästhetik, der Häßlichkeit nicht mehr als Einwand gegen die Welt gilt. Nietzsches Ästhetik ist wieder *aisthesis*, und zwar Weltwahrnehmung unter dem Vorzeichen der Umwertung aller Werte. Als solche aber ist sie auch eine Ästhetik des Häßlichen, für die das Bestehende wert ist, daß es zugrunde geht. Das ist ein Radikal des ästhetischen Perspektivismus: »Das Häßliche ist die Betrachtungsform der Dinge, unter dem Willen, [...] einen *neuen* Sinn in das sinnlos Gewordene zu legen«[2].

Zum anderen wird das Reich der Schönheit durch die Abenteurer im Bösen unermeßlich erweitert. Wie für Baudelaire ist auch für

1 a. a. O., S. 467
2 a. a. O., S. 113

Nietzsche Richard Wagner der Columbus neuer ästhetischer Kontinente; die ihm gewidmete IV. Unzeitgemäße Betrachtung schwelgt noch in naiven Formeln wie ›übermenschliche Güte‹, ›richtige Empfindung‹ und ›wiederhergestellte Natur‹. Dieser Kontinent jenseits der abendländischen Zivilisation läßt sich nur am Leitfaden des Bösen erforschen. Nietzsches Ästhetik – sie ist ja ausdrücklich Physiologie der Kunst, also Naturwissenschaft – betrachtet den Menschen als ein Stück Natur, das seine spezifische Schönheit nur offenbart, wenn es die zivilisatorische Maske des Moralisch-Guten und Gesetzlichen ablegt. Erst diese Ästhetik jenseits von Gut und Böse erlaubt es uns, »den bösen Menschen als eine wilde Landschaft zu geniessen, die ihre eigenen kühnen Linien und Lichtwirkungen hat«[1]. Das ist die Perspektive eines Künstlergottes, der seine Schöpfung mit den ästhetischen Ingredienzen Schmerz, Laster, Irrtum und Verbrechen würzt. Hier erreicht Nietzsches Umwertung der Werte ihr satanistisches Extrem: »das schöne Schreckliche«[2] der Untat spricht zugunsten des Täters.

* * *

Das schöne Schreckliche der Untat – Entrüstungsformeln wie die, hier tue sich der Abgrund des Ästhetizismus auf, verstellen nur das eigentliche Problem: die Anerkennung einer autonomen Macht der Destruktion. Damit überschreiten wir den Horizont einer Sadeschen Apologie des Verbrechens, von der Jacques Lacan in einem Aufsatz mit dem wunderbar provozierenden Titel Kant avec Sade zeigen konnte, daß sie nur eine Form der Unterwerfung unter das Gesetz ist. Sades Diskurs blieb an den Knoten von Gesetz und Begehren fixiert; die begehrte Heftigkeit der Sünde verdankt er ja ganz der Strenge des Gesetzes, das er übertritt. Gesetz und Begehren sind dasselbe. »L'apologie du crime ne le pousse qu'à l'aveu détourné de la Loi. L'Être suprême est restauré dans le Maléfice.«[3]

Nicht Sade selbst ist also der Führer ins Reich des Bösen jenseits von Gut und Böse. Seinen Schülern blieb noch ein weiterer Schritt zu tun. Baudelaire hat immer wieder betont, daß er seine entschei-

1 Nietzsche, Sämtl. Werke Bd. 3, S. 280
2 Nietzsche, Sämtl. Werke Bd. 5, S. 92
3 J. Lacan, Écrits, S. 790

denden Einsichten in die natürliche Perversität des Menschen, der als Freiherr des Bösen zur Welt kommt und sein Lebtag mit der Faszination der reinen Untat kämpft, die sich wie ein verlockender Abgrund vor ihm auftut – Baudelaire also hat immer wieder betont, daß er diese Einsichten dem Werk Edgar A. Poes verdankt. Poe weiß von einem Geist, den die Arroganz der abendländischen Vernunft bisher zu ignorieren beliebte: »the spirit of perverseness. Of this spirit philosophy takes no account.« Perversität sei ein nicht weiter auflösbares, ursprüngliches Vermögen des Menschen, das sich in den Wünschen manifestiert, sich selbst zu quälen und das Falsche um des Falschen willen zu tun. Natürlich geht es auch bei Poe um die Lust »to violate that which is Law« – doch Perversität läßt sich nicht mehr von jener Dialektik der Überschreitung ködern. Poe hat das in seiner großartigen Erzählung The Black Cat deutlich gemacht. Ein unschuldiges, treues Tier nicht im Affekt, sondern langsam und kaltblütig zu Tode quälen – was kann einen Menschen dazu treiben, wenn nicht »*a mobile* without motive, a motive not *motivirt*«: The Imp of the Perverse. Im Akt der grundlosen Zerstörung genießt sich der Geist der Perversion in dem Bewußtsein, eine Todsünde zu begehen: »a deadly sin that would so jeopardize my immortal soul as to place it – if such a thing were possible – even beyond the reach of the infinite mercy of the Most Merciful and Most Terrible God.«[1]

Noch heute gibt es Ohren, die derartiges nicht gerne hören. Das ist ein prinzipielles Problem bei Themen wie dem Bösen, der Perversität und dem Destruktionstrieb – solange man sie nicht als Mächte der Wirklichkeit anerkennt, verdrängt man sie; hat man sich aber erst einmal der »Existenz des Bösen« vergewissert, so begreift man nicht mehr, daß man seine Allgegenwärtigkeit so lange übersehen konnte. Mit dieser Überlegung leitet Freud in seiner Schrift *Das Unbehagen in der Kultur* eine kurze Diskussion des Todestriebs ein. Auch Freud konnte sich ja erst spät zur Anerkennung einer autonomen Macht der Destruktion durcharbeiten, und mit hoher Absicht beschreibt er nun das Schicksal dieser Idee *in terms* der analytischen Situation: sie sei stets – auch in psychoanalytischen

1 E. A. Poe, The Tell-Tale Heart and Other Writings, S. 10f.; Poe, Selected Prose, Poetry and Eureka, S. 89

Kreisen und bei Freud selbst – auf »Abwehr« und »Widerstand« gestoßen. »Denn die Kindlein, sie hören es nicht gerne, wenn die angeborene Neigung des Menschen zum ›Bösen‹, zur Agression, Destruktion und damit auch zur Grausamkeit erwähnt wird. Gott hat sie ja zum Ebenbild seiner eigenen Vollkommenheit geschaffen, man will nicht daran gemahnt werden, wie schwer es ist, die [...] unleugbare Existenz des Bösen mit seiner Allmacht und seiner Allgüte zu vereinen.«[1]

Es geht Freud darum, die Wirklichkeit des Bösen ohne das Entschuldigungsformular eines den Gott ökonomisch entlastenden Teufels zu denken. Von Goethes Mephistopheles lernt er dabei zweierlei: daß das böse Prinzip identisch ist mit dem Destruktionstrieb und daß der derart entzauberte Teufel nicht gegen das Gute, sondern gegen die Kraft der Zeugung kämpft. So tritt an die Stelle des Kampfes zwischen Gott und dem Teufel bei Freud eine Gigantomachia zwischen Eros und Tod. Das ist der mythische Rahmen, in dem die Psychoanalyse die Geschichte des Bösen erzählt. Rekapitulieren wir die wichtigsten Etappen: Daß der Mensch kein ursprüngliches, natürliches Vermögen der Unterscheidung von Gut und Böse hat, zeigt sich schon daran, daß das ›böse‹ Genannte oft ein ganz unschädlicher Gegenstand des Genießens ist. Daß man nun etwas durchaus Erwünschtes dennoch böse heißt, setzt die Unterwerfung unter ein Diktat von außen voraus. Nun gibt es eine für alle lebensprägende Situation, die eine solche Unterwerfung unters Diktat des Anderen motiviert: die Hilflosigkeit des *infans*. Die Anerkennung des Diktats von Gut und Böse aus »Angst vor dem Liebesverlust« wird nun zum *pattern* menschlichen Verhaltens weit über die Situation infantiler Hilflosigkeit hinaus – deshalb spricht Freud auch von sozialer Angst. »Das Böse ist also anfänglich dasjenige, wofür man mit Liebesverlust bedroht wird«[2].

Seit Platon weiß man, daß sich normale Menschen von Verbrechern lediglich dadurch unterscheiden, daß sie sich damit begnügen, nur zu träumen, was jene wirklich tun. Das Böse zeigt sich, wenn die Verdrängungen abgeworfen werden – das ist im Traum und in

1 S. Freud, Studienausgabe, Bd. IX, S. 247f.
2 a. a. O., S. 251

der Masse der Fall. Der Schlaf lockert die Zensur, die die bösen Wünsche im Unbewußten hält, für den einzelnen genau so wie es der Krieg für die Masse tut. Im Traum und im Krieg ist die Untat erlaubt. Beide zapfen das Reservoir des Bösen an: das verdrängte Unbewußte. Was wir das Böse nennen, ist also das Infantile, das in der Entwicklung des Menschen abgespalten wurde und nun als Verdrängtes den Kern des Unbewußten bildet. Und Psychoanalyse unternimmt eine kaltblütige Expedition in diese »Hölle« der »bösen, verworfenen Wünsche«[1].

* * *

Freuds Psychoanalyse hat uns damit nicht nur einen Begriff des Bösen jenseits von Gut und Böse gegeben, sondern zugleich auch die Medien genannt, in denen sich das Böse am unzweideutigsten manifestiert: Traum und Krieg. Es bleibt nun nur noch ein Schritt zu tun: die Verklärung des Bösen in einer Ästhetik der Traums und des Krieges. Was man bisher Gott ohne weiteres zugestand: daß das Böse in ihm sich als lautere Energie erweist, als jene Kraft, aus seiner Selbstgenügsamkeit herauszutreten und sich zu verkörpern – eben das wird jetzt dem Menschen vindiziert. Das Böse ist das Geheimnis unserer Energie – und damit auch unseres Besten. »Eine Güte, die sozusagen nicht den Teufel im Leibe hat«, wurde ja schon von Feuerbach als »simpelhafte, schläfrige, breiartige, lederne Güte«[2] abgefertigt. Der antibürgerliche Affekt, der in dem bonmot gipfelt, böse Gesellschaft sei besser als schlechte, nährt sich daraus, daß die Bürger den Traum verraten und sich den Rausch nicht gönnen; so bleiben sie vom Energiereservoir des Bösen abgesperrt.

Karl Moor statt Karl Marx – mit dieser Parole betritt 1929 ein abenteuerliches Herz die literarische Szene. Seine Antibürgerlichkeit zielt nicht auf einen wie auch immer gearteten Umsturz der bürgerlichen Ordnung, sondern entwächst der durchdringenden Empfindung des vom Bösen Berauschten, daß Ordnung an sich langweilig ist. Die Langweiligkeit der bürgerlichen Ordnung ist für Ernst Jünger eine direkte Funktion ihrer Verhältnislosigkeit zum

1 S. Freud, Studienausgabe, Bd. I, S. 154, 221
2 L. Feuerbach, Werke, Bd. II, S. 12

Bösen. »Es ist nicht die größte Sünde, böse zu sein, sondern stumpf, und das Wort von den Lauen, welche ausgespieen werden sollen, ist ein herrliches Wort der göttlichen Unbarmherzigkeit.«[1]

Was das abenteuerliche Herz als Langeweile quält, ist ereignislose Vergängnis; die bürgerliche Ordnung raubt uns Zeit, die ohnehin knapp ist. Dagegen kämpft das ästhetisch Böse. Daß jeder Teufelspakt im Kern ein Versuch ist, die Weltzeit der Lebenszeit zu unterwerfen, hat Hans Blumenberg großartig deutlich gemacht: Das Teufelszeug ist ein Inkognito der Techniken, Zeit zu gewinnen. Folglich gilt: »Enge der Zeit ist die Wurzel des Bösen.« Damit aber ist das alte Drama von Gott, Mensch und Teufel in einer Ästhetik der radikalen Endlichkeit säkularisiert: »das von der Kürze seines Spielraums betroffene, eben darum auch zur Daseinsfreude stimulierte Subjekt« rezipiert das Böse als Droge; den Part des versucherischen Teufels übernimmt dabei die »ästhetische Verführung zur Lebensintensität«[2].

Jüngers Intimität mit dem Bösen setzt die ästhetische Säkularisierung des Teufels voraus. Das Schema dafür hat schon Goethes Faust geliefert. Bekanntlich tritt Mephistopheles ja als ein Teil von jener Kraft auf, die stets das Böse will und stets das Gute schafft. Jünger akzentuiert nun nicht die bonum-durch-malum-Figur dieses Verses, sondern den Hinweis auf den Teil-Charakter des erscheinenden Bösen. In einer Tagebuchnotiz aus dem Jahre 1979 heißt es: »Unansprechbar [...] ist Satan – Mephisto dagegen nicht. Das absolut und intangibel Böse spaltet ein geistiges Neutron ab.«[3] In diesem strikten Sinne ist Jüngers Ästhetik nicht satanistisch. Gerade indem er das absolut Böse als für das Denken und die Kunst unvollziehbar anerkennt, richtet er alles Interesse auf die Säkularisierung des abgespaltenen Teils: Jünger intimisiert Mephisto zum je eigenen Teufel.

Mehr als Bürger ist ein Mensch für Jünger gerade dadurch, daß er seinen eigenen Teufel hat; er ist der »Feinschmecker der Werte«[4]. Diese Auffassung datiert auf Jakob Böhme zurück. »Der Teufel«, so hat Feuerbach Böhmes Konzeption resümiert – der Teufel ist »der

1 E. Jünger, Das abenteuerliche Herz. Erste Fassung, S. 59
2 H. Blumenberg, Lebenszeit und Weltzeit, S. 71
3 E. Jünger, Aus der goldenen Muschel, S. 220
4 E. Jünger, Das abenteuerliche Herz, S. 138

Urkoch des Weltalls; ohne die Spezereien, ohne das Gewürz des Teufels wäre alles nur ein geschmackloser Brei«[1]. Durch den Zusatz von Bösem schmeckt der Welt-Brei besser, bekommen die Farben der Erde tiefere Leuchtkraft. Das heißt im Klartext: Das Gute ist diffus, das Böse prägnant.

Hier kommt ein ästhetischer Prozeß zum Abschluß, der mit der frühromantischen »Poetik des Übels« begann. Bei Novalis, der das Märchen zur einzigen Lehre und den Traum zum Erzieher des Menschen erhoben hat, heißt es: »Gut und Böse sind absolut poetische Begriffe.« Märchen und Traum lehren die »Zauberbedingungen«, unter denen Unmögliches möglich wird – der Bär wird zum Prinzen, wenn man ihn liebt. »Vielleicht geschähe eine ähnliche Verwandlung, wenn der Mensch das Übel in der Welt liebgewänne«[2]. Poe und Baudelaire sind dann dieser Faszinationsspur des Übels gefolgt und haben den Reiz des Grauens entdeckt – die Lust, in den Abgrund zu stürzen. So ist das Böse zur Blume geworden. Und nie ist die Rechnung mit der Freude an ihrem Duft genauer aufgegangen, als im Kultbuch des Zweiten Weltkriegs, das die Poetik des Übels in einer Inszenierung des interesselosen Wohlgefallens am Bösen gipfeln läßt: »Schon sah ich dunkel die Marmorklippen ragen, wie schwarze Riffe am Lavameer. Und während ich die Hunde im Rücken hörte, erklomm ich hastig die schroffe Zinne, von deren Rande unser Auge so oft im hohen Rausche die Schönheit dieser Erde in sich eingetrunken hatte, die ich nun im Purpurmantel der Vernichtung sah. [...] Von allen Schrecken der Vernichtung stieg zu den Marmorklippen einzig der goldene Schimmer empor. So flammen ferne Welten zur Lust der Augen in der Schönheit des Unterganges auf.«[3]

1 L. Feuerbach, Werke, Bd. II, S. 10
2 Novalis, Schriften, Bd. III, S. 389, 417
3 E. Jünger, Auf den Marmorklippen, S. 126

Ästhetik jenseits von Gut und Böse

In seiner berühmten Rede über den Beruf zur Wissenschaft hat Max Weber den Sachverhalt, den man heute Ausdifferenzierung der Wertsphären nennt, als einen Götterkampf beschrieben, in den der einzelne nicht durch wissenschaftliche Einsicht, sondern nur durch persönliche Entscheidung eingreifen könne. Dieser Kampf der Wertordnungen pointiert, daß etwas heilig sein kann, weil es nicht schön ist, daß etwas schön sein kann, gerade insofern es nicht gut ist – und daß etwas wahr sein kann, obwohl es weder schön noch gut oder heilig ist. Man habe zu wählen.

Baudelaires *fleurs du mal* und Nietzsches Schonung des Bösen zeigen, daß sich der Götterkampf der Wertsphären v. a. im Konfinium von Ästhetischem und Ethischem zuspitzt: Sittlichkeit oder Artistik. Im Entweder/Oder der Fragestellung fällt aber schon eine Vorentscheidung, denn es erfragt sich selbst. Die Kierkegaard-Formel ist ja eine Abbreviatur der Frage: Entweder stelle ich mein Leben unter die Frage Entweder/Oder (ethische Entscheidung) – oder nicht (Ästhetentum). Die bündige Disjunktion liefert Präparate, die es der philosophischen Ästhetik dann ermöglichen, eine Autonomie der Kunst zu konstruieren. Paradigmatisch dafür steht Adornos ästhetische Theorie, deren Pointe darin besteht, daß sie das Kierkegaardsche Drei-Stadien-Schema umstülpt und das Ästhetische als Sphäre der ›Rettung‹ von Religiösem und Ethischem konstruiert. Nur scheinbar reduziert sich der ethische Anspruch auf Minima Moralia – die großen Themen der Ethik perennieren im ästhetischen

Inkognito. So erweist sich die Philosophie der autonomen Kunst als Spätform des ästhetischen Sokratismus. In dieser Formel resümierte die *Geburt der Tragödie* jene moralisierenden Tendenzen, die die ästhetische Dionysie subvertierten: die Verständigkeit des Schönen und die Tugendhaftigkeit des Wissens. Schon das antike Gesamtkunstwerk ging ja am kritisch-rationalen Prinzip der verständigen Rede zugrunde – seither gibt es auch keine echt ästhetischen Zuschauer mehr, sondern nur noch moralisch Genießende.

Vom ästhetischen Sokratismus bis zur autonomen Kunst erstreckt sich die Moderne, die Nietzsche bekämpft. Den entscheidenden Angriff führt er in seiner rigorosen Reduktion von Ethik auf Ästhetik. Erst aus der Perspektive der Kunst wird Moral überhaupt als Problem sichtbar. Wie die Kunst nämlich stellt die Moral Bilder des Menschen auf; sie wirken als konditionierende *patterns*. Moralische Urteile entzaubert Nietzsche als eine trügerische Zeichensprache physiologischer Zustände. Moralische Phänomene gibt es nicht; moralisch heißt nur die Interpretation bestimmter Leibestatsachen, die Deutung der Herrschaftsverhältnisse, unter denen entsteht, was man Leben nennt. »Das moralische Urtheil ist insofern nie wörtlich zu nehmen: als solches enthält es immer nur Widersinn. Aber es bleibt als Semiotik unschätzbar«[1]. Die moralische Absicht einer Handlung wird also nur als Zeichen und Symptom verstanden, das eine Auslegung fordert; gerade in ihrer Bewußtheit wird die Absicht zum blinden Fleck der Handlung.

Doch was gibt Nietzsche die Kraft, die Moral zu entzaubern? Er versteht sich nicht als Kritiker der Moral, sondern als Agent ihrer Selbstüberwindung. Immer wieder vergegenwärtigt sich Nietzsche seine große genealogische Destruktionsarbeit in dieser Denkfigur: Er ist nicht Kritiker des Christentums, sondern dieses überwindet sich in Nietzsche als Typus; er ist nicht der Kritiker Wagners, sondern er verwindet ihn in sich – der Genealoge ist eine lebendige Versuchsanordnung; nicht der Sprengmeister, sondern das Dynamit. Damit wird auch verständlich, warum Nietzsche kein Autor sondern ein Schicksal ist: Er tritt das volle Erbe der europäischen

1 Nietzsche, Götzen-Dämmerung, Sämtliche Werke (dtv-Gesamtausgabe), Bd. 6, S. 98 [*im folgenden zit.:* S. W.]

Moralentwicklung an und weiß, daß sich die Feinheit des freien Geistes den Torturen einer langen moralistischen Gewissens-Vivisektion verdankt. Im Medium Nietzsche vollzieht sich »die Selbstaufhebung der Moral«. Eine »letzte Moral« rigoroser Redlichkeit heißt ihn, aller Moral zu mißtrauen: »allein als Menschen dieses Gewissens fühlen wir uns noch verwandt mit der deutschen Rechtschaffenheit und Frömmigkeit von Jahrtausenden, wenn auch als deren fragwürdigste und letzte Abkömmlinge, wir Immoralisten, wir Gottlosen von heute, ja sogar, in gewissem Verstande, als deren Erben, als Vollstrecker ihres innersten Willens«[1]. Die Größe der europäischen Moral zeigt sich also gerade in der Kraft ihrer Selbstvernichtung: Die christliche Wahrhaftigkeit wendet sich zuletzt gegen sich selbst und läßt damit den Willen zur Wahrheit sich selbst als Problem bewußt werden. Die Moral geht zugrunde als zu ihrem Grund, und die freien Geister sind die Zuschauer dieses Schauspiels. Gezeigt wird, wie dem nicht festgestellten Tier Mensch, das anfangs ein lebendiges Lügengewebe war, ganz langsam Wahrhaftigkeit eingeschrieben wird. Moral erwächst also demselben Wurzelgrund von Trug und Verstellung wie das Böse. Ihre Werte sind Metaphern für physiologische Zustände, ihre Urteile eine sich selbst mißverstehende Semiotik von Nervenreizen. Und der Zuschauer des Moralschauspiels erkennt schließlich, »dass unser sogenanntes Bewusstsein ein mehr oder weniger phantastischer Commentar über einen ungewussten, vielleicht unwissbaren, aber gefühlten Text ist«[2]. Damit ist die philosophische Disziplin Ethik in eine Genealogie leiblich-geistiger Disziplinartechniken aufgelöst.

Die entscheidenden Fundierungsverhältnisse sind leicht anzuschreiben: Die moralischen Urteile gründen in der Gütertafel, die wiederum in ästhetischen Urteilen fundiert ist; den Kernbestand der ästhetischen Wertschätzungen bilden logische und geometrische Wohlgefühle, die beim Anblick von Bekanntem, Geordnetem, leicht zu Bemächtigenden aufsteigen. Ästhetische Lust entsteht also bei der Wahrnehmung von Formen, in denen sich die Lebensbedingungen – gerade im Widerspruch zur drohenden Wirklichkeit – affirmieren.

---

1 Nietzsche, Morgenröthe, S. W., Bd. 3, S. 16
2 a. a. O., S. 113

Diese Fundierungsverhältnisse in der Beziehung von Ethik, Ästhetik und Physiologie bestimmen Nietzsches Kulturprogramm: »Das Schöne, das Ekelhafte usw. ist das ältere Urtheil. Sobald es die absolute Wahrheit in Anspruch nimmt, schlägt das aesthetische Urtheil in die moralische Forderung um. Sobald wir die absolute Wahrheit leugnen, müssen wir alles absolute Fordern aufgeben und uns auf aesthetische Urtheile zurückziehen. Dies ist die Aufgabe – eine Fülle aesthetischer gleichberechtigter Werthschätzungen zu creiren: jede für ein Individuum die letzte Thatsache und das Maaß der Dinge. Reduktion der Moral auf Aesthetik!!!«[1] Ethik ist demnach nichts als eine unter dem Zwang des Wahrheitsabsolutismus erstarrte ästhetische Wertschätzung der Dinge, deren älteste Schicht aus physiologischen Reaktionen besteht. Es ist also eine ästhetische Wissenschaft möglich – aber nur als Naturwissenschaft, nämlich als »angewandte Physiologie«[2]. Nietzsches entscheidende kritische Fragen etwa an Wagners Musik lauten deshalb: Kann man tanzen, oder ist es ein Schwimmen und Schweben? Erleichtert diese Musik, oder geht der Atem schwerer? Fördert sie die Verdauung? Oder bringt sie zum Schwitzen? Ästhetik als Naturwissenschaft heißt aber auch: Natur selbst hat ästhetische Kräfte; in Traum und Rausch ist jeder Mensch Medium der Kunst.

Daß die Kunst nicht mehr das höchste Bedürfnis des Geistes sei, behauptet das berühmte Hegel-Formular, in dem sich jener Wahrheitsabsolutismus resümiert. Nietzsches Artistenmetaphysik erstellt die klare Antithese. Er diagnostiziert eine neue »Kunstbedürftigkeit«, die gerade dadurch entstanden ist, daß der sokratische Erkenntnisoptimismus sich leergelaufen hat, das Aufklärungspathos schal geworden ist: Das philosophische Projekt der Moderne resigniert und schlägt um in Artistenmetaphysik. Damit wird jener unterm Wahrheitsabsolutismus erzwungene Umschlag ästhetischer Urteile in moralische Forderungen revidiert; der Wille zum Wissen

1 Nietzsche, S. W., Bd. 9, S. 471

2 Nietzsche, Nietzsche contra Wagner, S. W., Bd. 6, S. 418. – Man muß sich hier hüten, zu schnell zu verstehen. Nietzsches berüchtigte Formel hat Heidegger zurecht mit einem Vorsichtszeichen versehen; so heißt es in: Nietzsche, Bd. I, 4. Aufl., Pfullingen 1961, S. 135: »Daß Nietzsche das Schöne ›biologisch‹ begreift, ist unbestreitbar; die Frage bleibt nur, was hier ›biologisch‹, bios, ›Leben‹ heißt; es meint trotz allem wörtlichen Anschein nicht das, was die Biologie darunter versteht.«

lernt, daß es nicht absolut sein kann, und schlägt in Artistik um. Der Universalitätsanspruch des okzidentalen Rationalismus wollte ja »ein gemeinsames Netz des Gedankens über den gesammten Erdball« spannen – Hegels Philosophie ist die vollendete Ausgestaltung dieses Traums. Post Hegel aber gibt es nur noch Flickwerk; das Netz des absoluten Wissens ist zerrissen. Damit aber wird das Ästhetische wieder zum höchsten Bedürfnis: »das über das Dasein gebreitete Netz der Kunst«[1] soll auffangen, was durch die Risse des modernen Gedankennetzes fällt.

Wurde im Kampf mit dem Mittelalter das Wissen gegen den Glauben mobilisiert, so führt Nietzsche im Kampf mit der Moderne die Kunst gegen das Wissen ins Feld. Philosophie ergründet nicht mehr die Bedingungen der Möglichkeit von Wissenschaft, sondern bestimmt ihren Wert für das Leben; und in der Kunst findet sie die Kraft, die neuzeitliche Autonomie der Erkenntnis zu brechen.

Zu brechen, nicht zu vernichten – Nietzsche ist nicht wissenschaftsfeindlich oder gar irrationalistisch. Es geht ihm nicht um die Zerstörung der Wissenschaft, sondern um ihre Beherrschung. Der schlecht unendliche Erkenntnisprozeß soll wieder konzentriert, der Wildwuchs einer departementalisierten Wissenschaft durch Kunst zur Einheit gebändigt werden. Die Bedingung dieser Möglichkeit denkt Nietzsche wieder in jener genealogischen Denkfigur, nach der ein großer evolutionärer Prozeß auf dem Höhepunkt seiner Entwicklung sich selbst verwindet: »Der Erkenntnißtrieb, an seine Grenzen gelangt, wendet sich gegen sich selbst, um nun zur Kritik des Wissens zu schreiten.«[2] So reißt Erkenntnis selbst auf ihrem eigenen Feld eine unschließbare Lücke des Wissens, die ein ästhetisches Supplement nezessiert. Und Philosophie heißt nun die therapeutische Subsumtion des Wissens unter ästhetische Maßstäbe; mit Welt-Bildern schließt sie den Horizont der Erkenntnis. Damit verdoppelt sie aber lediglich einen physiologischen Grundvorgang, denn die Natur des Menschen selbst setzt »Mechanismen gegen das absolute Wissen« in kraft: »wir brauchen, um zu leben, in jedem Augenblicke die Kunst. Unser Auge hält uns an den Formen fest.«[3]

1 Nietzsche, Die Geburt der Tragödie, S. W., Bd. 1, S. 100, 102
2 Nietzsche, S. W., Bd. 7, S. 428
3 a. a. O., S. 435

Kein Leben ohne Verschleierungen und Illusionen; die Evolution des Organischen hat einen artistischen Index.

Nietzsche verankert die ästhetischen Kräfte also im Triebgrund, im Organischen, in der Natur – nicht im Subjekt und seinem Bewußtsein. Damit wird aber die Möglichkeit von Ästhetik überhaupt problematisch, denn gerade als Wissende sind wir nicht mit der künstlerischen Produktivkraft identisch. Deshalb kann »das Subject [...] nur als Gegner, nicht als Ursprung der Kunst gedacht werden«[1]. Der Künstler ist nicht ästhetisches Subjekt, das immer nur als Widerspiel und Komplementärerscheinung des Transzendentalsubjekts gedacht werden kann, sondern Medium einer Apotheose des Scheins. Das heißt aber im Klartext: Der ästhetische Prozeß wird weder von uns noch für uns inszeniert. Diesem Sachverhalt kommt die antike Vorstellung, die Götter erfreuten sich am Schauspiel der Menschheitsqualen, sehr viel näher als die moderne ästhetische Konzeption von Autor, Werk und Rezipient. Wir sind nicht die Regisseure des Weltspiels sondern seine Projektionen.

Nietzsches Aufwertung des Scheins resümiert eine jener Formeln, deren Berühmtheit geeignet ist, ihre Frag-Würdigkeit und Nachdenklichkeit vergessen zu machen – die von der Oberflächlichkeit aus Tiefe. Oberflächlichkeit ist die Weisheit dessen, der tief in die Weltnacht gesehen hat; hier heißt Selbsterhaltung Bild-Fälschung. Das ist ein Leitmotiv Nietzsches: Griechische Heiterkeit als Oberfläche eines tragischen Pessimismus; die Chuzpe des freien Geistes als Maske eines zerbrochenen Herzens; Wissenschaftlichkeit als gewolltes, weil schützendes Mißverständnis. Wer den Schrecken des Realen kennt, rettet sich in die Anbetung der reinen Formen.

Die Reichweite dieser Überlegung wird erst deutlich, wenn man sie als Schnittpunkt der antithetischen Diskurse Nietzsches und Hegels kenntlich macht. Hegel hatte ja nicht nur das Ende der Kunst sondern a fortiori auch das Ende der Geschichte verkündet. Und Alexandre Kojève hat diese These dann anthropologisch entfaltet. Ende der Geschichte heißt endgültige Aufhebung der Negativität, des Subjekt-Objekt-Gegensatzes – und damit: des Hegelschen Menschen. Als posthistorisches Tier hält der Mensch sich

1 Nietzsche, Die Geburt der Tragödie, S. W., Bd. 1, S. 47

komfortabel am Leben. Im universalen American way of life gibt es keine Ethik des Handelns mehr, sondern nur noch eine Ästhetik des Glücks-Spiels. In der zweiten Auflage der Introduction à la lecture de Hegel findet sich nun aber eine Fußnote, die einen Nietzscheanischen Ausweg aus dem Hegelschen Posthistoire weist. Jenseits der dialektischen Negativität entdeckt Kojève (in Japan) das Negationspotential des Snobismus, nämlich die Option »de vivre en fonction de valeurs totalement formalisées, c'est-à-dire complètement vidées de tout contenu ›humain‹ au sens d'›historique‹.« Nach dem Verschwinden des Hegelschen Menschen der Arbeit, des Kampfes und der Negativität ist dem Menschenmöglichen nur noch der Weg der Artistik offen: »l'Homme post-historique doit continuer à détacher les ›formes‹ de leurs ›contenus‹, en le faisant non plus pour transformer activement ces derniers, mais afin de s'opposer soi-méme comme une ›forme‹ pure à lui-même et aux autres, pris en tant que n'importe quels ›contenus‹.«[1]

So ließe sich sagen: Die Geschichte des okzidentalen Geistes wird von einer Klammer der Lebensartistik eingefaßt; an ihrem Ende steht der von Kojève in Japan entdeckte und für die westliche Welt vorbildliche Snobismus der reinen Formen, in dem man sich (als reine Form) sich selbst entgegenstellt, um die Minimalspannung menschlichen Daseins zu sichern (denn Subjekt-Objekt-Gegensätze gibt es nicht mehr); an ihrem Anfang steht die griechische Anbetung der Formen, die Nietzsche auf der Spitze einer über sich selbst aufgeklärten Aufklärung wiederholen will, um die entzauberte Welt vor einem Selbstmord durch Wissenschaft zu schützen. »Oh diese Griechen! sie verstanden sich darauf, zu leben! Dazu thut noth, tapfer bei der Oberfläche, der Falte, der Haut stehn zu bleiben, den Schein anzubeten, an Formen, an Töne, an Worte, an den ganzen Olymp des Scheins zu glauben! Diese Griechen waren oberflächlich – aus Tiefe...«[2]

Die Formel resümiert einen Kampf zwischen Urmetaphern: Nietzsche mobilisiert den Olymp des Scheins gegen die nackte Wahrheit. Damit klärt er die Aufklärung ab. Denn eines konnte

1 Kojève, Introduction à la lecture de Hegel, 2. Aufl., Paris 1960, S. 437
2 Nietzsche, Nietzsche contra Wagner, S. W., Bd. 6, S. 439

diese selbst nicht denken: daß es eine Grenze des Begründens und Ergründens geben könnte. Das Postulat der nackten Wahrheit hat einen terroristischen Index. Der Furor des Entlarvens und Decouvrierens hält die Frage nieder, was Wahrheit ist, wie sie entsteht und welchen Wert sie für wen hat. Aufklärung will nichts vom Recht des Scheins wissen; sie kennt keine Scham vor ihren Gegenständen und keine Redlichkeit vor dem Geheiß, dem sie folgt. Der Terrorismus der nackten Wahrheit resultiert also aus einem moralischen Vorurteil der Aufklärung – daß Wahrheit mehr wert sei als Schein. Damit ergeht aber ein Tabu über all die Scheinbarkeiten und Perspektivismen, die Leben überhaupt erst ermöglichen.

Nietzsches Abklärung der Aufklärung ist ihr nicht feind, sondern befreit sie von metaphysischem Ballast. Das Jenseits von Gut und Böse heißt für die Erkenntnis konkret, sich jenseits des Gegensatzes von ›wahr‹ und ›falsch‹ zu stellen; dann zerbricht das Tabu der Aufklärung über die Bedingungen des Lebens. Man kann es auch so sagen: Wahrheit ist das Tabu der Aufklärung über die Erkenntnis. »Genügt es nicht, Stufen der Scheinbarkeit anzunehmen und gleichsam hellere und dunklere Schatten und Gesammttöne des Scheins, – verschiedene *valeurs*, um die Sprache der Maler zu reden?«[1]

Stufen der Scheinbarkeit – man könnte auch sagen: Stufen des Irrtums, Grade der Lüge und der Fälschung. Denn der Mensch ist ein verlogenes Tier. Nietzsche begreift ihn als ein künstlerisch schaffendes Subjekt, das mit seiner Verstellungskunst den sozialen, mit seinem Metapherntrieb den kognitiven Horizont der Welt entwirft. List und Verstellung, die Kräfte, mit denen der Mensch den Schein ausstuft, subsumiert Nietzsche also der Kunst. Schon auf der Ebene der sinnlichen Gewißheit sind nämlich artistische Kräfte am Werk, die das perzipierte Datum ausdichten und zurechtphantasieren; in der sich selbst unkenntlich gewordenen Gewohnheit der Lüge sind wir alle – gleichsam von Natur – Künstler. Die Sinnesdaten werden in einem Spiel der Phantasie verarbeitet, und es bedarf deshalb einer hohen kulturellen Disziplin, genau zu hören und zu sehen, z. B.: zu lesen, was wirklich dasteht. Doch lesen, was dasteht, sehen ohne Augentrug, hören ohne Klanggespenster – das sind Ausnahmezu-

---

1 Nietzsche, Jenseits von Gut und Böse, S. W., Bd. 5, S. 53f.

stände einer Wissenschaftsdisziplin, die gerade nicht zum Kanon geglückten Lebens werden können. »Dem Dasein eine ästhetische Bedeutung geben« heißt die Irrsal als Grundfigur des Lebendigen preisen. Wo die moralische Optik der Aufklärung nur Symptome einer selbstverschuldeten Unmündigkeit sehen konnte, weist Nietzsche das physiologische Fundierungsverhältnis von Leben, Erkennen und Kunst auf. »Leben ist die Bedingung des Erkennens. Irren die Bedingung des Lebens und zwar im tiefsten Grunde Irren. Wissen um das Irren hebt es nicht auf! Das ist nichts Bitteres! Wir müssen das Irren lieben und pflegen, es ist der Mutterschooß des Erkennens. Die Kunst als die Pflege des Wahnes – unser Cultus.«[1] Die Pflege des ästhetischen Wahns schützt vor dem Wahn der Aufklärung, die ja vermeint, den Sockel von Grundirrtümern, auf dem das Leben aufruht, durch den nackten Felsen der Wahrheit ersetzen zu können. Redliche Wissenschaft dagegen begreift die Irrsal des Menschen als unhintergehbar und bescheidet sich nun, Grade des Falschen, Stufen der Scheinbarkeit festzustellen.

Die Austreibung des Moralismus aus den Wissenschaften trifft hier auf den harten Kern des Aufklärungsethos: die Wahrheitspflicht. Und ganz konsequent treibt Nietzsche hier seine Ästhetisierung der Wahrheit bis ins Extrem einer Umwertung der Lüge. Sobald der Mensch vergißt, daß er alltäglich ein künstlerisch schaffendes Subjekt ist, verkennt er seine lebensbedingenden Illusionen als Wahrheiten. Die moralische Forderung der Wahrhaftigkeit ist nichts als die gesellschaftliche »Verpflichtung nach einer festen Convention zu lügen, schaarenweise in einem für alle verbindlichen Stile zu lügen.«[2] Das Vergessen der Lüge auf dem Grunde der Wahrheit macht den wahren Diskurs unredlich und vergiftet das Lügen. Nietzsche subvertiert also die moralische Disjunktion von Wahrheit und Lüge durch die Frage nach der Ehrlichkeit des Sprechakts. Gerade die Vertreter des wahren Diskurses, die nicht lügen wollen, verfallen der unehrlichen Lüge. Folglich wird »die ächte resolute ›ehrliche‹ Lüge«<$FNietzsche, Zur Genealogie der Moral, S. W., Bd. 5, S. 386> zum Hort der Redlichkeit. Hier erreicht Nietzsches

1 Nietzsche, S. W., Bd. 9, S. 504
2 Nietzsche, Ueber Wahrheit und Lüge im aussermoralischen Sinne, S. W., Bd. 1, S. 881

Umwertung ihr Extrem: Der wahre Diskurs ist verlogen, die resolute Lüge ehrlich.

Die ästhetische Lizenz zur Lüge verdankt sich der Unmöglichkeit, etwas Wahres zu wissen. Die Wahrheit wird uns nicht frei machen. Machen wir uns aber von der Wahrheit frei, so wird denkbar, daß sich uns »das mythische Gefühl der freien Lüge«[1] wiederbelebt. Mit dieser Überlegung gelingt Nietzsche die geniale Umkehrung einer zentralen These der Aufklärung. Er deutet den Priesterbetrug als artistische Praxis: Erfindung mythischer Bilder als Stimulantien des Lebens und ästhetische Theodizee. Artistik ist die Emanzipation der freien Lüge von der Notlüge, ihrem anthropologischen Substrat. Sie gibt dem Willen zur Täuschung sein gutes Gewissen zurück. »Es führt zu wesentlichen Entdeckungen, wenn man den Künstler einmal als Betrüger fasst.«[2] Und umgekehrt den Betrüger als Künstler. Die Erschütterung der Weltgewißheit durch einen trügerischen Gott, den *deus fallax* und *genius malignus* Descartes, wird von Nietzsche zur Spitzenleistung des Weltkünstlers umgedeutet. Als Artist ist der böse Genius das wahre ästhetische Subjekt des Weltspiels.

Gott ist ein Betrüger, aber als Betrüger ist er Künstler – das ist die Reinform der ästhetischen Theodizee Nietzsches. Sie entspringt aus einer Überbietung des cartesischen Zweifelsexperiments, das sich schließlich gegen die absolute Autorität der Vernunft selbst wendet. Descartes Zweifel ist deshalb für Nietzsche nicht radikal genug, weil er in seinem Sicherungsbestreben die Frage verstellt, warum man nicht betrogen werden will. Warum der Haß auf das Unwahre? Nietzsches Überbietung zielt auf die Möglichkeit des Selbstbetrugs im Willen, nicht betrogen zu werden. »Ironie gegen Descartes: gesetzt es gäbe im Grunde der Dinge etwas Betrügerisches, aus dem wir stammten, was hülfe es, de omnibus dubitare! Es könnte das schönste Mittel sein, sich zu betrügen.«[3] In ironischer Umkehrung erweist sich dann aber der Sündenfall des Betrugs als artistischer Glücksfall: *felix culpa* in der Welt des *deus fallax*. Nur so nämlich

1 Nietzsche, S. W., Bd. 7, S. 450; vgl. Blumenberg, Arbeit am Mythos, Frankfurt a. M. 1979, S. 269

2 Nietzsche, Menschliches, Allzumenschliches, S. W., Bd. 2, S. 462; vgl. Blumenberg, Höhlenausgänge, Frankfurt a. M. 1989, S. 616

3 Nietzsche, S. W., Bd. 11, S. 624. Dies Motiv wiederholt und aktualisiert C. Schmitt, Ex Captivitate Salus, Köln 1950, S. 87f.

erklärt sich das Pseudonym, unter dem Nietzsche eine Moral für Moralisten entwickeln wollte: Felix Fallax[1].

Der betrügerische Künstler-Gott konzipiert eine Welt, die in der Optik von Wahrheit und Schein gar nicht perzipiert werden kann. Daß wir die Kunst haben, um nicht an der Wahrheit zugrunde zu gehen, besagt, daß wir angesichts einer grausamen und sinnlosen Natur die Lüge nötig haben, um überhaupt zu leben. Die schreckliche Realität durch die Lügen zu vergewaltigen, die man Moral, Religion oder Wissenschaft nennt, ist das Überlebenspensum jedes Menschen. Bevor er zum ehrlichen Artisten wird, der sich in der ästhetisch freien Lüge von der Wahrheit entlastet, arbeitet er schon als sich selbst verborgener Künstler an einer Rechtfertigung des Alltags, indem er ihn mit moralischer oder religiöser Bedeutsamkeit belehnt. So läßt sich die artistische Gegenlehre gegen die Moral unmittelbar aus deren Genealogie deduzieren.

Wie sähe ein Gott jenseits von Gut und Böse aus? Denn nach dem Tod des Einen Gottes, der keinen anderen neben sich duldete, sind wieder viele neue Götter möglich. Wie wäre es, wenn wir statt eines weisen, gütigen und humanitären Gottes einen Gott bilden würden, der aus Macht alle Widersprüche des Lebens in sich vereinen und es durch seine Qual rechtfertigen würde? Genau das war aber die eigenste ästhetische Produktivität der griechischen Antike: Menschenwelt und Olymp sind gerechtfertigt, weil die Götter selbst, gesteigert und in großartiger Abbreviatur, Menschenleben leben. Die Transformation »der ursprünglichen titanischen Götterordnung des Schreckens« in »die olympische Götterordnung der Freude«[2] ist Nietzsches Urmodell ästhetischer Supplementierung: Kunst ergänzt das Dasein und stimuliert so das Leben – zumindest zum Weiterleben.

Das Schreckliche wird – so lehrt die Theorie des Erhabenen – zur Lust für denjenigen, der ihm aus sicherer Distanz zusieht. Das

---

1 a. a. O., S. 486; Blumenberg, Höhlenausgänge, S. 470, hat diese Ästhetisierung des cartesischen genius malignus schon für Leibniz nachweisen wollen: Auch in der ›Monadologie‹ werde der Mensch von einem Künstler-Gott im Weltausmaß betrogen. Blumenberg folgt hier Heidegger, der Nietzsches perspektivistische Auffassung des Seienden als die von Leibniz identifiziert hat; vgl. Heidegger, Nietzsche, Bd. I, S. 245.

2 Nietzsche, Die Geburt der Tragödie, S. W., Bd. 1, S. 36

Leben kann sich demnach in seiner ganzen Grausamkeit, in allem Leiden und Schmerz rechtfertigen, wenn es sich als Festspiel vor Göttern erfährt. Mit anderen Worten: Das Dasein rechtfertigt die Übel seines Vollzugs, indem es sich Götter als Zuschauer dieses grausamen Schauspiels fingiert. Als Schauspiel wäre die Welt ein ästhetisches Phänomen – als moralisches aber wäre sie Betrug. Diese Position der Geburt der Tragödie, die Artistenmetaphysik eines epikuräischen Weltzuschauers, klärt Nietzsche später zur Weltästhetik ab: »Wir kommen über die Ästhetik nicht hinaus – ehemals glaubte ich, ein Gott mache sich das Vergnügen, die Welt anzusehen: aber wir haben das Wesen einer Welt, welche die *Menschen* allmählich *geschaffen* haben: *ihre* Ästhetik. [...] Ach, nun müssen wir die Unwahrheit umarmen und der Irrthum wird jetzt erst zur Lüge, und die Lüge vor uns wird zur Lebensnothwendigkeit!«[1]

Die Wahrheitsunabhängigkeit der Weltästhetik rückt ins Zentrum, was der Realitätssinn des bürgerlichen Ernstes tabuisierte: Lust, Genuß und Heiterkeit – und zwar nicht als enklavierte Phänomene des Privaten, sondern auf der tragischen Szene von Schmerz, Schrecken und Grausamkeit. Wahrheitsunabhängig heißt aber nicht wahrheitsindifferent. Nietzsche denkt Wahrheit als den Schmerz, der sich nach Erlösung im lustvollen Schein sehnt. »Der Anblick der Welt wird erst erträglich«, wenn die ästhetische Produktivkraft der Leidenschaft dieses »widerlichste und anmaaßlichste Paradoxum« aus »Zahl und Linie und Gesetz und Unsinn« in eine Phantasmagorie des erkennenden Subjekts aufhebt. Doch Leidenschaft darf nicht mit der sterilen Aufgeregtheit des Affekts verwechselt werden; sie macht hellsichtig. So entzaubert Nietzsche auch die Kriterien moderner Wissenschaftlichkeit: Rationalität und historischen Sinn, als Requisiten im »Theaterspiel, das das Subjekt sich selber spielt«[2].

Die Abklärung der frühen Artistenmetaphysik zur Weltästhetik vollzieht den Übergang von der Welt als grausamem Schauspiel für die Götter zum Weltspiel des Subjekts vor sich selbst. Das verändert den Blick auf die Weltübel: Der Schmerz wird zum Kompaß ästhetischer Produktivität, und das Häßliche ist die Betrachtungsform, in

1 Nietzsche, S. W., Bd. 9, S. 581. – Vgl. Blumenberg, Arbeit am Mythos, S. 654f.
2 Nietzsche, S. W., Bd. 9, S. 435, 364

der die Dinge einem Willen erscheinen, der ihnen einen neuen Sinn aufprägen will. Hier überschreitet die ästhetische Theodizee eines absoluten Ja zur Welt das Pensum einer Rechtfertigung des Übels. Die Nötigung zur Rechtfertigung entfällt, wo Schönes aus Schrecklichem, Genuß aus Grausamkeit, Lust aus Leiden unmittelbar entspringt. Der Artist »genießt das Übel pur, cru, er findet das sinnlose Übel als das interessantere. Hat er früher einen Gott nöthig gehabt, so entzückt ihn jetzt eine Welt-Unordnung ohne Gott, eine Welt des Zufalls, in der das Furchtbare, das Zweideutige, das Verführerische zum Wesen gehört«[1].

Das sind die am weitesten vorspringenden Überlegungen Nietzsches zu einer Ästhetik jenseits von Gut und Böse. Sie zu aktualisieren, wäre eine geisteswissenschaftliche Frivolität, deren Verlockung wir hier nicht nachgeben wollen. Doch in ihrem Extremismus reißen sie einen Horizont des Denkens auf, vor dem sich jede aktuelle Diskussion des Verhältnisses von Ethik und Ästhetik bewähren muß. In der *Geburt der Tragödie* bleibt der Mensch noch von dem übermenschlichen Pensum jenes Pessimismus der Stärke verschont; das Subjekt der Artistenmetaphysik ist gnädig unterbestimmt als unmoralischer Künstlergott, wobei Gott nur der Name für die ästhetische Bedeutsamkeit des Weltgeschehens ist. Der ästhetische Gott jenseits von Gut und Böse diskreditiert jede moralische Daseinsdeutung durch das Schauspiel einer Erlösung im Schein (die aber keine bloß scheinbare Erlösung ist) und einer Rechtfertigung durch die Kunst. Als Subjekt kann der Mensch hier nur störend dazwischenkommen. Seine höchste Würde läge darin, eine Projektion des Gesamtkunstwerks Welt zu sein.

Das ist die Reinform der Artistenmetaphysik. Nietzsche emanzipiert sich von ihr genau in dem Maße, wie er der Projektion Mensch im Gesamtkunstwerk Welt die Möglichkeit einräumt, zum Bewußtsein ihrer selbst zu gelangen. So heißt es in der Fröhlichen Wissenschaft: »Als ästhetisches Phänomen ist uns das Dasein immer noch erträglich, und durch die Kunst ist uns Auge und Hand und vor Allem das gute Gewissen dazu gegeben, aus uns selber ein solches Phänomen machen zu können.« Unerträglich ist das Dasein ja nicht

1 Nietzsche, S. W., Bd. 12, S. 467

nur in seiner natürlichen Grausamkeit, sondern gerade auch für den Erkennenden. Die Selbstverwindung der Moral in ihrer letzten Tugend, der Redlichkeit, hat die Wissenschaft zur Einsicht in den Wahn und die Verlogenheit als Bedingung der Existenz geführt. Um an dieser Wahrheit nicht zugrunde zu gehen, haben wir die Kunst, die jene Erkenntnis der Unwahrheit gerade durch einen »Cultus des Unwahren« erträglich macht, in dem sich der Erkennende von sich selbst ausruht. Wissenschaftliche Redlichkeit ist nur so lange nicht selbstmörderisch, wie sie von einer »Gegenmacht« äquilibriert wird – vom »guten Willen zum Scheine.«[1]

Die Welt ist alles, was der Fall ist. Und das ist zu wenig. Der Prozeß der theoretischen Neugierde hat uns in seiner selbstmörderischen Redlichkeit offenbart, daß die Welt keine Menschen-Welt ist, sondern ein »Reich ganz unmenschlicher Necessität«, dem nur ein Übermensch gewachsen wäre, der die ästhetische Kraft hätte, eine »Weltcorrektion« anzubringen[2]. Diese ästhetische Kraft der Weltkorrektur manifestiert die Reinform der Selbstbehauptung. Weil perspektivische Fälschungen allererst Existenz ermöglichen, stellt Nietzsches abgeklärte Aufklärung den Täuschungsmitteln eine Unbedenklichkeitserklärung aus. Nur wer sich ihrer zu bedienen weiß, kann auch sehen, was der Fall ist. So schlägt die radikale Entzauberung der Welt in ein Lob der Simulakra um: »Heran mit den schönen Trugbildern! Seien wir Betrüger und Verschönerer der Menschheit!«[3] Nietzsche entwickelt hier eine virtuose Dialektik der Weltentzauberung, die dann Adorno als Dialektik der Aufklärung reformuliert hat: Das Pensum der Aufklärung war die Entzauberung der Welt; doch sie war unredlich gegenüber ihrem eigenen Willen zum Wissen. Seither entfaltet nun das, was bloß ist,

1 Nietzsche, S. W., Bd. 3, S. 464. In Radikalisierung dieser Konzeption wird auch eine Lesart von Nietzsches Artistenmetaphysik einsichtig, die der modernen Ästhetik das Pensum der klassischen Metaphysik aufbürdet; dann wird Weltgenuß zum Kriterium des Weltverständnisses. Ästhetik erscheint als neue Leitwissenschaft; vgl. hierzu Bense, Aesthetica III: Ästhetik und Zivilisation, Krefeld und Baden-Baden 1958, S. 21: »Jedenfalls zeichnet sich als wesentliche Funktion gegenwärtiger und zukünftiger Kunst die Chance ab, die moralisch längst suspekt gewordene Welt, wenn nicht physikalisch, so doch ästhetisch zu rechtfertigen und zu verstehen.«

2 Nietzsche, S. W., Bd. 7, S. 101 und Bd. 9, S. 245

3 Nietzsche, S. W., Bd. 11, S. 700

seinen eigenen bösen Zauber; Wissenschaft blieb bisher ein Mittel der Selbstbetäubung. Erst die Abklärung der Aufklärung aus der Perspektive der Kunst befähigt zur Entzauberung der entzauberten Welt. So verbünden sich Artistik und tragische Erkenntnis: Nur wer die ästhetische Kraft zur Weltkorrektur hat, erträgt den Blick in den Abgrund des Seienden; »das Schaffen als ein Zaubern bringt eine Entzauberung mit sich in Bezug auf alles, was da ist«[1].

Nietzsche spitzt diese Dialektik bis zu dem Punkt zu, wo der Pessimismus der Stärke ins Faszinosum eines philosophischen Extremismus umschlägt. Das Interesse für das sinnlose Übel, die gottlose Weltunordnung, die radikale Kontingenz des Realen setzt eine Stellung des Gedankens zur Objektivität voraus, die es sich schließlich leisten kann, auf die Lüge zu verzichten, weil sie sich der stärksten Zauberkraft versichert hat: der »Verführung der Wahrheit«. Das ist die Erkenntnisutopie des Immoralismus, der zuletzt auch noch auf das Wort Wahrheit zu verzichten weiß. Denn die theoretische Kraft, immer bis zum Äußersten zu gehen, entspricht der ästhetischen zur Weltkorrektur. So tritt auch die redlichste Gestalt des Wissens in den Dienst einer Wiederverzauberung der Welt: »Der Zauber, der für uns kämpft, das Auge der Venus, das unsere Gegner selbst bestrickt und blind macht, das ist die Magie des Extrems, die Verführung, die alles Äußerste übt«[2].

Stefan Georges großartiges Gedicht *Der Mensch und der Drud* schließt mit der nietzscheanischen Weisheit, das Leben bleibe nur durch Zauber wach. Das Wort vom Zauber ist gegen den Menschen gerichtet, der ersichtlich einsteht für das Projekt der Moderne: die Entzauberung der Welt durch Wissenschaft. Zauber meint also nicht Hokuspokus vor den und für die Menschen, sondern die Kraft ihrer Verwandlung ins Jenseits des Menschen. Das ist Nietzsches ursprüngliche Einsicht, die er mit dem Namen Dionysos versiegelt hat. Der (dionysische) Zauber (der Musik) ist Ausdruck einer ästhetischen Arbeit an den Menschen, die sie in die Götter ihres Traumes transponiert. »Der Mensch ist nicht mehr Künstler, er ist Kunstwerk geworden«: »Es giebt keine Bilder mehr, sondern

1 Nietzsche, S. W., Bd. 10, S. 501
2 Nietzsche, S. W., Bd. 12, S. 510

Verwandlungen.«[1] Verzaubert inkarnieren Menschen göttliche Traumbilder. Nichts anderes meint Ekstase: ein Außer-sich-Sein, in dem sich das Individuum aufgibt, um metamorphotisch in einen anderen Leib einzugehen. Das läßt sich nicht auf die Hegelsche Dialektik der Entäußerung reduzieren. Denn ekstasis heißt »nicht in uns zurückkehren, sondern in fremdes Sein einkehren«[2].

Nietzsches neopaganes Programm einer Wiederverzauberung der Welt konzipiert das Leben als Fest – zeitgenössisch gesprochen: als Gesamtkunstwerk. Und Übermensch ist nur einer der Namen für jenes fremde Sein, in das der Mensch im dionysischen Zauber ekstatisch eintritt. Nietzsches Ästhetik handelt also nicht von Kunstwerken, sondern von sich über sich selbst hinausschaffenden Menschen. Schauplatz dieser ästhetischen Metamorphose ist das Fest. Ihn zu institutionalisieren, war die Absicht des oft ridikülisierten Bühnenweihfestspiels in Bayreuth. Deshalb hat Nietzsche in Wagner nicht den genialen Künstler sondern den Columbus des unbekannten Kontinents der Kunst selbst gefeiert; das Gesamtkunstwerk steht für die Emanzipation von der Kunstwerk-Ästhetik, für die Aufhebung der Kunst des Genies im Lebensfest. »Ich will gegen die Kunst der Kunstwerke eine höhere Kunst lehren: die der Erfindung von Festen.«[3] Die (Wieder-)Geburt der Tragödie aus dem Geist der (Wagnerschen) Musik verdankt sich ja nicht einer Eigenlogik der Kunstsphäre, sondern den ästhetischen Kräften von Natur selbst, wie sie sich »ohne Vermittelung des menschlichen Künstlers«[4] in Traum und Rausch manifestieren. Das Genie weicht dem Techniker der Lust-Erfindung.

Bekanntlich hat Nietzsche von seiner frühen Artistenmetaphysik alsbald Abschied genommen; daß die ästhetischen Phänomene bei ihm gleichsam die Stellung des Wunders in der Theologie einnahmen, ist ihm seit dem Bruch mit Wagner unhaltbar geworden. Doch nur vor dem Hintergrund dieser schwärmerischen Philosophie des Gesamtkunstwerks läßt sich ermessen, welchen Wert er der Kunst wirklich zumißt. Wenn er den Louvre-Brand beim Aufstand der

1 Nietzsche, Die Geburt der Tragödie, S. W., Bd. 1, S. 30 und Bd. 7, S. 69
2 Nietzsche, S. W., Bd. 7, S. 55
3 Nietzsche, S. W., Bd. 9, S. 506
4 Nietzsche, Die Geburt der Tragödie, S. W., Bd. 1, S. 30

Kommune als Verbrechen gegen die Kultur verurteilt, deutet er es doch nur als Symptom einer allgemeinen Schuld. Am 21. Juni 1871 schreibt er an Carl von Gersdorff: »Als ich von dem Pariser Brande vernahm, so war ich für einige Tage völlig vernichtet und aufgelöst in Tränen und Zweifeln: die ganze wissenschaftliche und philosophisch-künstlerische Existenz erschien mir als eine Absurdität, wenn ein einzelner Tag die herrlichsten Kunstwerke, ja ganze Perioden der Kunst austilgen konnte; ich klammerte mich mit ernster Überzeugung an den metaphysischen Wert der Kunst, die der armen Menschen wegen nicht da sein kann«.

Der Mensch ist nicht das Maß der Kunst – und gerade das macht ihren metaphysischen Wert aus. Für die frühe Artistenmetaphysik ergab sich hier die Nötigung, einen epikuräischen Zuschauergott zu erfinden, der das ihm als Spiel dargebotene Menschenleben rechtfertigt, sofern er sich an seiner Grausamkeit delektiert. Dieses Pensum lastet der späte Nietzsche dann dem Menschen selber auf. Weltverantwortung ist – post Christum und post-modern – nur im Horizont einer Weltästhetik erträglich. Das heißt im Klartext: Nietzsche erhebt die Artistik zum übermenschlichen Schema einer neuen Moral. Es geht hier um die Konstruktion einer neuen ethischen Realität aus dem Absolutismus der Form; nur scheinbar leichthin spricht Nietzsche von einer göttlich künstlichen Kunst. Sie nimmt – wie später dann der Hegelianer Kojève am Ende seines dialektischen Latein – das Leben als reine Form und gerade darin ernst. »Man ist um den Preis Künstler, daß man das, was alle Nichtkünstler ›Form‹ nennen, als Inhalt, als ›die Sache selbst‹ empfindet. Damit gehört man freilich in eine verkehrte Welt: denn nunmehr wird einem der Inhalt zu etwas bloß Formalem, – unser Leben eingerechnet.«[1]

Die allgemeine Schuld, als deren Symptom der junge Nietzsche jenes Kommunarden-Attentat auf den Kunsttempel deutete, wird nun genauer faßbar. Das Leben braucht die Kunst als Stimulans; sie hilft uns, nicht an der Wahrheit zugrunde zu gehen. Und Natur selbst manifestiert die ästhetischen Kräfte, die die Selbstbehauptung des Lebens gegen das Grauen der Natur ermöglichen. Mit anderen

1 Nietzsche, S. W., Bd. 13, S. 9f.; vgl. Benn, Gesammelte Werke, Bd. I, Stuttgart 41977, S. 161

Worten: Leben behauptet sich antiphysisch, gegen den Strich der Natur – nämlich artistisch. Und deshalb sind wir dem Leben eine artistische Existenz schuldig. Das muß sich vor Augen halten, wer Nietzsche Biologismus vorwirft. Von der antiken Ethik hat er gelernt, daß wir unser eigentliches Selbst nicht finden, indem wir uns analysieren, sondern indem wir uns in Übungen der *askesis* formen. Und seine genealogische Dekonstruktion der Moral legt die Bedingungen einer radikalen Selbsterfindung wieder frei. Nietzsches Spur folgend hat dann Michel Foucault in seinen letzten Schriften eine neue Ethik als Ästhetik der Existenz skizziert – eine zweite Wiederholung der Antike auf der Spitze der Postmodernität. Vor diesem Hintergrund wird man den notorischen Übermenschen als ›Subjekt‹ einer Ästhetik jenseits von Gut und Böse begreifen müssen – Blankoformular einer Antwort auf die ungeheure Frage: »Wie ist der entmenschte Mensch zu denken wenn der Mensch das enthierte Thier ist?«[1]

1 Nietzsche, S. W., Bd. 9, S. 41. Zu Foucaults Existenzästhetik in der Spur Nietzsches vgl. Bolz, Stop Making Sense, Würzburg 1989, S. 110ff.

Philosophie nach ihrem Ende

Nietzsche war wohl der erste Philosoph, der sich nicht mehr als Herr der diskursiven Ereignisse fühlte, die man dann mit seinem Autorennamen klassifiziert hat. Und befreit er nicht gerade damit die Geschichte vom anthropologischen Schema des Gedächtnisses? Am 30. 3. 1881 schreibt er an Köselitz: »wenn ich meine eigenen Schriften sehe, ist es mir als ob ich alte Reiseabenteuer hörte, die ich vergessen hätte. Sehen wir zu, daß wir unser ganzes Leben derartig *für uns* monumentalisiren.« Das eigene Leben monumentalisieren – das fordert Nietzsche vom Philosophen der Zukunft. Still, kalt vornehm, fern, getrieben vom Willen zur Wüste – so charakterisiert er diesen Typus. Seine Schutzmaske ist der asketische Priester, jener »Repräsentant des Ernstes«, dem Nietzsches genealogische Studien gelten. Was bedeuten asketische Ideale? Im § 13 dieser Abhandlung heißt es: »Der asketische Priester ist der fleischgewordene Wunsch nach einem Anderssein« – aber die »Macht seines Wünschens« fesselt ihn ans diesseitige Leben. In ihm experimentiert der Mensch, das unfestgestellte kranke Tier, mit sich selbst und arbeitet seine Zukünftigkeitsstruktur heraus. Am Neujahrstag 1883 schreibt Nietzsche an Malwida von Meysenbug über seine freiwillige »Ascese des Geistes«: »Mein ganzes Leben hat sich vor meinen Blicken zersetzt: dieses ganze unheimliche verborgen gehaltene Leben [...] *ich* bin es, der aus allen Zufällen sich Grausamkeiten gemacht hat.«

Der Wille zur Wahrheit ist der Kern des asketischen Ideals, und er wird sich am Ende einer zweitausendjährigen »Zucht zur Wahrheit«, die man abendländische Tradition nennt, katastrophisch seiner selbst bewußt: Der Philosoph wandelt sich zum Genealogen seiner Praktiken. Steht in unbewußtem Vollzug und Automatismus das vollkommene Leben im Zenit, so hat die westliche Kultur am Ende des 19. Jahrhunderts den Nadir erreicht: »die extremste Bewußtheit«. Nun stellt sich die Aufgabe der höchsten Selbstbesinnung in der Frage des Wozu als Ganzes. Und hierin rechtschaffen zu sein, ist die letzte Tugend des Geistes. Es erscheint der erste Philosoph des komparatistischen Zeitalters: »wir sind das Selbstbewußtsein der Historie überhaupt.«[1] Wie die Psychoanalyse beginnt die Genealogie der Wissenschaft mit der Analyse von »unbewußten Widerständen im Herzen des Forschers«[2] und seines Willens, nichts über die Herkunft seiner Praxis zu wissen. Genealogie ist die Einübung des Willens zum Wissen des Vergangenen, der Anfänge; sie fordert einen historischen Instinkt, der stark genug ist, noch die eigene Erkenntnisbewegung genealogisch zu durchdringen – *Ecce homo* ist in diesem Sinne als Genealogie der Genealogie konzipiert. Gegen Ursprungsideologie gerichtet, beleuchtet der Genealoge die Kontingenzen der Anfänge: indem er den Ursprung des Ich zerstreut, löst er dessen chimärische Einheit auf. Der Weg des Genealogen folgt dem Ariadnefaden des Leibes, nicht den Phantasmata des Selbstbewußtseins. Das Maß des Geschichtlichen, auf das sich der genealogische Sinn richtet, ist die Tiefe der Einschreibung einer Erkenntnis in den Leib, und die Frage nach der Herkunft einer wissenschaftlichen Verfahrensweise führt auf den Triebgrund des Erkennens: »die *Kraft* der Erkenntnisse liegt nicht in ihrem Grade von Wahrheit, sondern in ihrem Alter, ihrer Einverleibtheit, ihrem Charakter als Lebensbedingung.«[3] So zeichnet Nietzsche eine Landkarte der Zivilisation, und die Genealogie der Wissenschaft erweist sich als Kernstück einer Naturgeschichte der Menschheit.

Weil das Herkommen befiehlt, fragt der Genealoge stets nach der kommandierenden Instanz: Wer, nicht Was ist? Genealogie deckt den Befehl auf, der im Argument steckt. Wir gewöhnen uns an Befehle der Macht, halten sie für Argumente und vergessen die Gewalt

1 Nietzsche, S. W., Bd. 5, S. 36ff.; vgl. ders., Umwertung aller Werte, München [2]1977, S. 815.
2 ebd., S. 38
3 ebd., Bd. 3, S. 469

in der Gewohnheit, bis wir die Gesetze, die uns unterwerfen, als Ausdruck der eigenen Macht empfinden. Das Vergessen des Ursprungs heiligt die Gewohnheit der Macht und ihre Erhaltungsbedingungen. »Die Menschheit liebt es, die Fragen über Herkunft und Anfänge sich aus dem Sinne zu schlagen: muß man nicht fast entmenscht sein, um den entgegengesetzten Hang in sich zu spüren?«[1]

Genealogie ist radikal perspektivistisch. Der Perspektivismus Nietzsches darf nicht relativistisch mißverstanden werden, etwa als Beschränktheit in Hinsicht auf eine wahre Realität – wer nicht mehr an ein ›Wesen‹ glaubt, nennt auch nichts mehr ›bloße Erscheinung‹, denn es gibt für ihn nur noch das aus unterschiedlichen Schätzungen kombinierte, werdende Phänomenale. Jede Perspektive ist eine dem Leib eingeschriebene Interpretation, und das Begehren somit der polymorphe Interpret der Welt. Das Subjekt zerfällt in Triebperspektiven, nach denen die Welt je in ihrem Wert abgeschätzt wird. Große Erkenntnis wäre, jenseits von Gut und Böse, eine, die jene mannigfaltigen Wertschätzungen des polymorphen Begehrens nicht auf logische Widersprüche, die Differenzen nicht auf Negationsverhältnisse reduziert. Der weiseste Mensch wäre der reichste an Widersprüchen. Definiert man Interpretation als Verknüpfung eines Textes mit einer sinnsetzenden Kraft, so erweist sich das welthistorische Sinnvakuum, das man Nihilismus nennt, als Mangel an Interpretationskraft. Freie Sinnlichkeit interpretiert durch »Vergewaltigen, Zurechtschieben, Abkürzen, Weglassen, Ausstopfen, Ausdichten, Umfälschen und was sonst zum Wesen alles Interpretierens gehört«[2]. Einem Dasein, das prinzipiell interpretiert, was es dann Ereignis heißt, und einem Erkennen, das eigentlich ein triebbestimmtes perspektivisches Abschätzen von Werten ist, öffnet sich eine intensive Unendlichkeit der Interpretation. »Der Perspektivismus ist nur eine complexe Form der Spezifität«, d. h. der bestimmten Art und Weise, in der ein Lebendiges agiert, um seine Welt darzustellen, indem es sie zugleich herstellt. Dies dem Werden Seinsgepräge verleihende, herstellende Darstellen des Daseins nennt Nietzsche »nothwendigen Perspektivismus, vermöge dessen jedes

1 ebd., Bd. 2, S. 24
2 ebd., Bd. 5, S. 400

Kraftcentrum – und nicht nur der Mensch – von sich die ganze übrige Welt construirt d. h. an seiner Kraft mißt, betastet, gestaltet«[1].

Das, was man Sein des Subjekts nennt, ist ein Kraftzentrum, das alles, was nicht es selber ist, in seiner Perspektive ordnet. Das Perspektivische konstituiert den Horizont, den wir Welt nennen. Der Sinn einer Sache liegt demnach in ihrer perspektivischen Beziehung auf einen Machtwillen. Die große Loslösung vom Zwang, der jeder Perspektive eignet, liegt in ihrer souveränen Beherrschung, der Kraft, »sie aus- und wieder einzuhängen«[2]. Denn erst die Ignoranz gegen konkurrierende Interpretationen macht sie funktionsfähig. Ein Tatbestand wird durch perspektivische Sinnsetzung konstituiert. So zwar, daß sich das Interpretieren als affektiver Prozeß ohne Subjekt entfaltet. »Man darf nicht fragen: ›wer interpretiert denn?‹ sondern das Interpretieren selbst, als eine Form des Willens zur Macht, hat Dasein [...] als ein Affekt.«[3] Wenn interpretieren heißt, Machtdifferenzen durch die Wertfrage zu bestimmen, kann es zum Königsweg der Herrschaft werden. Denn: »Aller Sinn ist Wille zur Macht.«[4]

Eines bringen Reden um keinen Preis zur Sprache: ihre eigene Materialität. Deshalb folgt Foucaults Analyse einer Partialmethodologie: sie klammert das Cogito ein und blendet die Repräsentationen ab, um die diskursive Technik erscheinen zu lassen. Was an gesagten Dingen zählt, ist nicht die Absicht des Sprechens. Dieser vorgängige Zwang erscheint genau da, wo der Sinn der Rede erlischt: Diskursanalyse reduziert die Rede auf das Daß ihrer Besonderheit, ihren Ereignischarakter. Die Rede aufs Ereignis reduzieren heißt, im Hasardspiel der Macht die Praktiken der Unterwerfung hier und jetzt beim Namen nennen. Jede Institution ist wesentlich Initiation in die Ordnung des sie regelnden Diskurses. Das Regelwerk einer diskursiven Praxis bildet das historische Apriori des Gesagten. Jedes soziale System verfolgt eine Wahrheitspolitik, die von einer diskursiven Polizei gesichert wird. Sie sichert das reibungslose Funktionieren des wahren Diskurses, indem sie verhindert, daß

1 ebd., Bd. 13, S. 373
2 ebd., Bd. 2, S. 20
3 ebd., Bd. 12, S. 140
4 ebd., S. 97

nach dem Willen gefragt wird, der ihn treibt. Nietzsche folgend, richtet Foucault den Willen zur Wahrheit gegen die Wahrheit selbst und stellt ihre Geschichte durch die Machteffekte ihrer Reden dar. Gewiß: Es geht ihm um die Regeln einer diskursiven Praxis, die Gegenstände bildet und beherrscht. Diese Praxis entfaltet sich so äußerlich, daß sie vom Niveau der Wörter, Sachen und Subjekte aus gar nicht wahrgenommen werden kann. Das heißt: Die Effekte der Diskursregeln sind so oberflächlich, daß sie sich allen Sprechern einer Zeit als anonyme Gewalt auferlegen. Nur dieser fast unsichtbaren, weil allzu selbstverständlichen Positivität gilt das Interesse der Diskursanalyse. Und die Analyse erforscht das Funktionieren von Texten und Reden um so eindringlicher, je entschlossener sie Sinn und Bedeutung ignoriert.

Eine paradoxe Ethnologie unserer eigenen Vernunft versucht die sozialen Tatsachen, die man Kultur nennt, zu diagnostizieren, wie Nietzsches Genealogie es für die Moral praktizierte. Diese Methode zerstreut den Menschen und die Kausalität in ein historisches Strukturensemble, statt zu totalisieren. Dem entspricht ein erkenntnistheoretischer Vorrang der Signifikanten, d. h. der Zeichen eines Diskurses, sofern sie nicht Sinn zur Erscheinung bringen. Daß derart die Sprache in ihrem Sein zur Sprache kommt, ist unablösbar vom Verschwinden des mit sich identischen selbstbewußten Subjekts. Mit Nietzsches Genealogie wendet sich die Diskursanalyse gegen die Ideologie des Ursprungs und versucht, die Ereignisse in ihrer zufälligen Äußerlichkeit und historischen Einmaligkeit zu analysieren. Sie transponiert die Geschichte aus dem Register von Ursprung und Seele in das von Körper und Ereignis, denn das genealogische Verfahren zerstreut die Herkunft eines Individuums und präsentiert es als Knotenpunkt einer Vielzahl von Spuren. Jedes Wissen trägt Spuren seiner zufälligen Produktionsbedingungen und kann deshalb auf sein Werden und seine Effekte hin befragt werden. Es geht Foucault nicht um das Was eines Wissens, sondern um das Daß seiner Reden, die Diskurstatsachen: Wer spricht von wo aus? Welche Institutionen bringen zum Sprechen und archivieren das Gesagte? Wer spricht? Mit dieser Frage ist Nietzsche zum Ursprung der Sprache als Machtäußerung gelangt. Wer besitzt das Sprechen: das Herrenrecht, Namen zu geben? Wer heißt was gut, was böse?

Es zeigt sich, daß zentrifugales Begehren und abweichendes Verhalten in der Geschichte der Moderne weniger durch schlichte Repression als vielmehr durch Diskursivierung, Verwandlung in wissenschaftliche Reden entmächtigt wurden. Macht und Begehren, die in jedem wissenschaftlichen Reden auch am Werk sind, knüpfen den Diskurs an kontingente Äußerungsbedingungen, genau bestimmbare Institutionen. Verbote sind heute anachronistisch. Soweit sich das Begehren diskursiviert, ist alles erlaubt. Diskursivierung ist die Kapillartechnik der Macht im intimsten Bezirk. Deshalb analysiert Foucault den Diskurs nicht primär als Ausdruck von Macht und Begehren, sondern als ihren Gegenstand. Sich einer Rede im Namen der Wahrheit bemächtigen heißt Macht durch die Produktion eines koextensiven Wissens stabilisieren. Keine Rede, in der nicht Macht am Werk wäre, hinter der nicht ein Begehren kommandierte. Zumal Tabus und Verbote werden von Foucault in ihrer Positivität analysiert: als Mächte, die zum Sprechen bringen. Die Macht läßt sich nicht negativ beschreiben: sie produziert. Repression ist *ancien régime*. Moderne Macht macht uns die Wahrheit sagen. Während wir immer noch ideologiekritisch auf die Verbote starren, beherrscht uns längst die unausgesetzte diskursive Macht der Befragung, die uns in Geständnistiere verwandelt hat.

Bekanntlich hat sich Freud, um nicht zu schnell ans Ziel zu kommen, den Genuß der Nietzsche-Lektüre versagt. Das Ziel ist die Logik des »anderen Schauplatzes«. Daß das, was vorgestellt, nicht unbedingt bewußt wird, hat die traditionelle Psychologie skandalisiert; beides zu identifizieren, ist ihre »wesentliche Verkennung«[1]. Imago heißt, was in der Kontingenz der psychischen Effekte Traum, Fehlleistung und Symptom als unbewußte Vorstellung sein Wesen treibt. Das Akzidentielle der Verursachung und die Unmittelbarkeit des Symptomeffekts konfrontieren das Feld des Systematisch-Bewußten mit dem Real-Unbewußten.

Als Analyse der Neurosen beginnt die Psychoanalyse. Die Neurose markiert die Grenze des souveränen Ich: daß die Einheit des Selbst Schein ist, und Teile von ihm stets sich selbst verborgen bleiben. »Das Ich ist vor allem ein körperliches, es ist nicht nur

1 S. Freud, Werke (Studienausgabe), Frankfurt a. M. 1969, Ergänzungsband, S. 283

ein Oberflächenwesen, sondern selbst die Projektion einer Oberfläche.« Nämlich der Körperoberfläche im Spiegel: »Körper-Ich.«[1] Daß sich aber Ich zum Es wie eine Fassade verhält, verleiht der inneren Wahrnehmung einen Index des Virtuellen. Im Kern unseres Wesens stoßen wir gerade nicht auf das Ich, das vielmehr, wie der Narzißmus zeigt, Objekt ist – und zwar das »vornehmste« der sexualen. Psychoanalyse liest die Signatur des Selbst im Abfall seines Lebens; das Verfehlte, die Fehlleistung ist nicht nichts, sondern chiffriertes Unsagbares. Man muß nur, wie Freud, hinhören statt zu verstehen; hinsehen statt zu erkennen. Das Sprechen des Subjekts zeigt das Versteckte: »Wer Augen hat zu sehen und Ohren zu hören, überzeugt sich, daß die Sterblichen kein Geheimnis verbergen können. Wessen Lippen schweigen, der schwätzt mit den Fingerspitzen; aus allen Poren dringt ihm der Verrat.«[2]

Das Faktum des unbewußten Wissens, in dem ein Schein von Vergessen ein Zugleich von Wissen und Nichtwissen deckt, besagt, daß ich weiß – nicht »daß«, wie Sokrates, sondern – was ich nicht weiß. Dämon hieß solches Wissen einmal, ein psychisch von der Assoziation abgespaltener Gedanke: »Es gibt ein Wissen im Unbewußten, das schlechterdings nicht zu begreifen ist, wenn man es als ein sich vollendendes, sich schließendes Wissen auffaßt.«[3] So belehrt etwa der hysterische Wille zum Nichtwissen, der den Assoziationswiderstand bildet, darüber, daß gerade der Wille und die Absichtlichkeit des Analysanten den analytischen Fortschritt blockieren. Analyse untersagt Kritik, um die Aufmerksamkeit des Subjekts von seinem Willen zu dissoziieren; es soll »sich selbst mit dem objektiven Interesse des Forschers«[4] betrachten.

In der analytischen Situation ereignet sich ein »Austausch von Worten«[5]. So gibt sie dem Wort aber seine alte magische Zauberkraft zurück. Der Analytiker »interpretiert ein Symbol und auf einmal verschwindet ein Symptom, das jenes Symbol mit Buchstaben des Leidens ins Fleisch des Subjekts eingeschrieben hat«[6]. Die

1 ebd., Bd. 3, S. 294f.
2 ebd., Bd. 4, S. 148
3 J. Lacan, Seminar XI, Olten 1986, S. 141
4 S. Freud, a. a. O., Ergänzungsband, S. 75
5 ebd., Bd. 1, S. 43
6 J. Lacan, Schriften I, Olten 1973, S. 151

Analyse will Stummheit aufheben. Das Symptom ist das Stummsein im Subjekt, das doch ein sprechendes sein soll. »Das Subjekt zu rezentrieren als sprechend«[1] – so lautet die Freudsche Aufgabe. Sie ist dem formulierbar geworden, der erstmals das methodologische Privileg der Hysterieanalyse erkannte. Denn die Hysterie, die im Krankwerden an Reminiszenzen die Macht der Erinnerung bezeugt und in der Wortwörtlichkeit ihres Ausdrucks den Wörtern ihren ›ursprünglichen‹ Sinn zurückgibt, zeigt uns die Konstitution des Begehrens in der Bewegung des Sprechens. Bekanntlich soll, wo Es war, Ich werden, aber »sich neue Stücke des Es aneignen« kann für das Ich nur heißen, die Außenwelt bei jenem zu repräsentieren, um es einer vernichtenden Befriedigung zu entziehen. Freud läßt keinen Zweifel daran, daß alles, was an Machtsteigerung des Ich, »zum Heil des Es« geschieht. »Im Auftrag des Es« funktioniert die Ichinstanz.[2]<$FS> Noch das stärkste Ich bleibt »unterwürfiger Knecht, der um die Liebe seines Herrn wirbt«[3]. Es geht also in der Psychoanalyse, zur Ent-Täuschung aufgeklärter Philosophen, nicht einfach um Herrschaft des Ich über das Es, sondern um die Wiedereroberung einer ganz bestimmten, verlorenen. Der Versprecher (oder das Verlesen), bei dem das Ich nicht bei sich ist, unterbricht dessen Verkennung. Im Augenblick der Fehlleistung bin ich nicht »da« – und wenn ich weiß, wo Es war, bin ich nicht mehr, sondern werde ich es erst. Das Es erobern, heißt (s)ich dort realisieren, nicht es delogieren. Wo Es war, soll Ich werden, heißt: am Ende der Analyse soll das Ich da sein, wo das Subjekt war, das nun das Wort hat, um mit dem wahren Anderen in Beziehung zu treten und seine *membra disjecta* zu reintegrieren. Diese verkennt es als Ich prinzipiell. Selbstreflexion systematisiert die Verkennung und schreibt die analytische Situation als duale Beziehung fest. Jede derart strukturierte Aufklärung bleibt dem narzißtischen Schema verhaftet. Psychoanalyse prozediert nicht durch Selbstreflexion, sondern im Sprechen des Subjekts. Dessen Ich soll nicht da, wo es ist, gestärkt, sondern anderswo realisiert werden, nämlich da, wo das unbewußte Subjekt ist und zum Anderen spricht. In der radikalen Beziehung

1 ders., Seminar XI, S. 89
2 S. Freud, a. a. O., Bd. 1, S. 512f.
3 ders., a. a. O., Bd. 3, S. 322

der psychischen Instanz des Ich auf dessen grammatikalische Form schwinden die Trugbilder. Ich werde dort, wo Es war, indem ich, aus meiner Aussage verschwindend, es jetzt aussage. Das Subjekt steht radikal exzentrisch zum Ich – diese Heteronomie prägt die Identität des Menschen und mit ihr versöhnt ihn die Analyse: ein Anderer ist mir wichtiger als Ich. Das Ich muß aus der Aussage verschwinden, um – in diesem Augenblick – zum Sein zu kommen, weil das Subjekt des Signifikanten exzentrisch zu dem des Signifikats steht. »Ich bin nicht, da wo ich das Spielzeug meines Denkens bin; ich denke an das, was ich bin, dort wo ich nicht denke zu denken.«[1]

Prämaturation, die verkürzte intrauterine Existenz, wirft etwas Unfertiges in die Welt. Vom ersten Lebensaugenblick an erscheint die Außenwelt lebensgefährlich, der Wert des pflegenden und gegen die Hilflosigkeit schützenden Objekts unendlich. Und deshalb entsteht hier die rätselvolle Eigenart des Menschen: sein »Bedürfnis, geliebt zu werden«[2]. Das Begehren gilt *ab ovo* dem Begehren des anderen. Am »Nebenmenschen« hat das Subjekt seinesgleichen als Objekt, an dessen Bild es sein Ich bildet. »Am Nebenmenschen lernt der Mensch erkennen.«[3] In der Prämaturation hat Lacan die Kluft des Menschlichen erkannt, welche die von der Imago-Funktion regulierte Beziehung zur Umwelt stört. Die Prämaturation läßt das Imaginäre, den Tieren unentrinnbar, aufklaffen und so die Verfremdung des Subjekts ins Bild (von Seinesgleichen; des Spiegels), in der sich das Ich als, weil Bild, Ideal-Ich bildet, nicht alles sein. Eröffnet wird, in der Kluft des Menschlichen, die »Symbiose mit dem Symbolischen«[4], in dem sich das Subjekt als Sein zum Tode konstituiert. Jene Kluft, in der die entfremdende Spannung des Subjekts zum Bild gründet, ist das biologische Pendant des Mangels wie der Prä/Absenz-Alternanz des Symbolischen. Die Erfahrung der Todes-Verfallenheit, immer wieder genährt von den gleichsam lebensimmanenten »Toden« der Geburts- und Entwöhnungstraumen, drückt also die schmerzliche Differenz zwischen der großartigen Wahrnehmung des Körper-Ganzen im Bild und der Un-

1 J. Lacan, Schriften II, Olten 1975, S. 43
2 S. Freud, a. a. O., Bd. 4, S. 293
3 ders., Aus den Anfängen der Psychoanalyse, Frankfurt a. M. 1962, S. 337
4 J. Lacan, Schriften III, 1980, S. 47ff.

fähigkeit aus, sich selbst als Ganzes zu empfinden. Es bedarf des narzißtischen Objekts, d. h. einer imaginären Körpergestalt, zum Schutz gegen die Hilflosigkeit und zur Abwehr der Angst vor dem Unheil des Zerrissenseins.

Me connaître = méconnaître. Diese Gleichung bildet sich, sobald sich das Subjekt ein antizipiertes Bild von sich macht. Qua Spiegelbild wandelt der Mensch sich selbst in eine triumphale Übung. Wem aber gilt der Jubel? Der Einheit. Der Rettung durch die Imago des Doppelgängers. Indessen bleibt das Objekt klein *a* unrettbar abgetrennt. Ergo: Im Stand-Bild seines Ich findet der Mensch seine entfremdende Einheit, im Begehren aber seine Zerrissenheit, in der sich seine wesentliche Unangepaßtheit, die sein Sein auf Sprache hin öffnet, bekundet. Im Zentrum des Bewußtseins ist deshalb ein Einheitswille am Werk, der die sogenannten ›mentalen Fortschritte‹, die vom funktionellen Primat des Sehens strukturiert werden, verantwortet.

Die Subversion des erkennenden Subjekts durch das Unbewußte geht in ihrer Bestimmung des Subjekts aus den unbewußten Wünschen nicht nur über die neuzeitlich aus der Gewißheit des cartesischen Selbst-Bewußtseins bestimmte Subjektivität des Subjekts hinaus, sondern überbietet, in Lacans Verkennungstheorem, auch die Kantische Steigerung des *genius malignus* im Antinomienproblem, das ja erstmals »den Ursprung der Täuschung im vernünftigen Subjekt selbst«[1] lozierte.

In spielend ernsten Wiederholungen der Entwöhnungsleiden mimt das Subjekt seine Verstümmelung und nimmt in der Gebärde, die das Objekt wegstößt, seine ursprüngliche Zerrissenheit an. So gilt es, in Geburt und Entwöhnung jene großen Nöte des Subjekts zu erkennen, in denen es den Tod erleidet, und im Spiel die »befreiende Wiederholung«[2] der Trennungen, die das Nicht-Sein manifestiert. Kraft der Benennung der Abwesenheit geht es in dem Spiel um »das, was, weil vorgestellt, nicht da ist«[3]. Das ist die Eigenart der Vorstellungsrepräsentanz, d. h. der Niederschrift von Signifikanten im Unbewußten. Es entfaltet jene strukturelle Alternation

---

1 H. Blumenberg, Säkularisierung und Selbstbehauptung, Frankfurt a. M. 1974, S. 68; vgl. ders., Der Prozeß der theoretischen Neugierde, Frankfurt a. M. 1973, S. 267
2 J. Lacan, Schriften III, S. 165
3 ders., Schriften II, S. 108

von An- und Abwesenheit, in der die Determination des Menschen durch die symbolische Ordnung erfolgt. Die Benennung der Abwesenheit begründet die Welt der Worte, in der die Dinge ihren Platz finden. Sprechen vermittelt nicht nur zwischen Subjekt und anderem, sondern enthüllt auch das Unbewußte, das sich in seinen Entstellungen der Ausdrucksfunktion entzieht. Kommunikation ist nur ein unterwegs zur Entbergung steckengebliebenes Sprechen. Es zeigt sich, daß, was das Unbewußte konstituiert, nichts als der Effekt jener Sprechakte ist, die dem Subjekt seinen Status verleihen. »Das Unbewußte ist die Summe der Wirkungen, die das Sprechen auf ein Subjekt übt, auf jener Ebene, wo das Subjekt sich aus den Wirkungen des Signifikanten konstituiert.«[1] Deshalb ist das Unbewußte wie eine Sprache strukturiert und das Subjekt dem Anderen (am Ort des Sprechens und damit der Wahrheit) hörig. Im Sprechen funktioniert die Sprache evokativ, nicht informativ. »Was ich im Sprechen suche, ist die Antwort des anderen. Was mich als Subjekt konstituiert, ist meine Frage.«[2] Ein Tausch von Sprachgaben also, die den Diskurs in seiner Materialität erweisen.

Was umläuft im Diskurs ist nicht das Eigentliche des Sprechens, das sich vielmehr in dessen Störung bekundet. Was im Diskurs gegen dessen Strich spricht, ist das Mehr des Subjekts, das es, ohne davon zu sagen zu wissen, sagt. Es geht also um eine Überschreitung der Grenze des Diskurses innerhalb der Grenze des Sprechens. Das ist nur möglich, weil das sprechende Subjekt exzentrisch zu dem des Diskurses steht. Das volle Sprechen, das die Wahrheit gebiert, verleiht der Geschichte des Subjekts eine neue Ordnung, in der das gewesene Kontingente kraft der Freiheit seiner anamnetischen Vergegenwärtigung in die Form eines Entwurfs eingeht, d. h. Notwendigkeit aus der Zukunft empfängt. Was das Futur II in der Sprache anzeigt. Indessen gelingt dem Subjekt die Integration seiner Geschichte nur in der sprechenden Zuwendung zum Anderen, in der es sich als intersubjektiv konstituiert. Denn im Sprechen manifestiert sich der Vorrang der Intersubjektivität im Subjekt. Noch das ›Selbst‹gespräch richtet sich an den Anderen.

1 ders., Seminar XI, S. 132
2 ders., Schriften I, S. 142

Heidegger ist wie Nietzsche Genealoge und wie Freud betreibt er Spurensicherung: Er lokalisiert die Entstellungen, die man Überlieferung nennt. Und das ist Heideggers Grunderfahrung: Dasein verfällt seiner Tradition, die ihm das Fragen abnimmt und das Überlieferte verdeckt. Und zwar handelt es sich um Verdeckung durch Selbstverständlichkeit: Was uns fehlt, ist das Nichtverstehen. So macht Tradition die Herkunft vergessen. Das gilt für das Dasein ebenso wie für die Philosophie. Die Metaphysik genannte Tradition der Wahrheit entfaltet sich als Geschichte von Verdeckungen. Darin weiß sich auch Heideggers Seinsdenken »so entschieden befangen, daß es seinen Weg nur mit Stab und Stecken bahnen und gehen kann, die der Metaphysik entliehen sind«.[1] Heideggers genealogische Analyse der Tradition heißt Destruktion. Sie will das Überlieferte aneignen, indem sie die Ohren öffnet für das im Gesagten Ungesagte, für das zwischen den Zeilen Zugesprochene. Destruktion meint nicht nur – negativ – den Abbau leer gewordener Vorstellungen und das Abtragen von bloß historischen Aussagen, sondern auch – positiv – eine Wiederholung qua Lektüre des im Alten Verborgenen. Destruktion soll eine »Achtsamkeit auf die Spuren«[2] wecken, um die Seinserfahrung zu retten, die sich in der Metaphysik verbirgt. Heideggers Absicht ist eine *destruktive Konkretion* der Seinsfrage. In *Sein und Zeit* heißt es dazu: »Soll für die Seinsfrage selbst die Durchsichtigkeit ihrer eigenen Geschichte gewonnen werden, dann bedarf es der Auflockerung der verhärteten Tradition und der Ablösung der durch sie gezeitigten Verdeckungen. Diese Aufgabe verstehen wir als die am *Leitfaden* der *Seinsfrage* sich vollziehende Destruktion des überlieferten Bestandes der antiken Ontologie auf die ursprünglichen Erfahrungen, in denen die ersten und fortan leitenden Bestimmungen des Seins gewonnen wurden. Dieser Nachweis der Herkunft der ontologischen Grundbegriffe, als untersuchende Ausstellung ihres ›Geburtsbriefes‹ für sie, hat nichts zu tun mit einer schlechten Relativierung ontologischer Standpunkte. Die Destruktion hat ebensowenig den *negativen* Sinn einer Abschüttelung der ontologischen Tradition. Sie soll umgekehrt diese in ihren

1 M. Heidegger, Nietzsche II, S. 397
2 ders., Unterwegs zur Sprache, Pfullingen ^{5}1975, S. 131

positiven Möglichkeiten, und das besagt immer, in ihren *Grenzen* abstecken, die mit der jeweiligen Fragestellung und der aus dieser vorgezeichneten Umgrenzung des möglichen Feldes der Untersuchung faktisch gegeben sind. Negierend verhält sich die Destruktion nicht zur Vergangenheit, ihre Kritik trifft das ›Heute‹ und die herrschende Behandlungsart der Geschichte der Ontologie, mag sie doxographisch, geistesgeschichtlich oder problemgeschichtlich angelegt sein. Die Destruktion will aber nicht die Vergangenheit in Nichtigkeit begraben, sie hat positive Absicht; ihre negative Funktion bleibt unausdrücklich und indirekt.«[1]

Heidegger ist klar, daß der Boden wankend wird, wenn die Destruktion ins Seinsdenken übergeht. Ist die philosophische Sprache in unentrinnbarer metaphysischer Gefangenschaft, so steht zu befürchten, daß der Name selbst des Vergessenen: Sein, von dem wegspricht, was er sagen möchte. »Das Sein ist als solches ein Anderes als es selbst, so entschieden ein Anderes, daß es nicht einmal ›ist‹.«[2] Das klingt dialektisch, soll es aber nicht sein. Denn es geht Heidegger gerade um das am Sein, was die Dialektik des absoluten transparenten Wissens nicht denken kann: Selbstverborgenheit. Die Seinsvergessenheit der Metaphysik ist nur die blinde Spiegelung des sich verbergenden Seins. Die entscheidende Spur ist Heraklits Satz: *Physis kryptestai philei*. Das Sein bleibt also nicht nur aus, sondern dieses Ausbleiben ist es selbst – Heidegger gebraucht hier das Bild vom zu sich selbst entschwindenden Schleier.

Daß das Sein so anders ist, daß es nicht einmal ›ist‹, markiert eine Differenz als das in der »Incubation des Seins«[3] eigentlich Vergessene. Seinsvergessenheit ist eigentlich Differenzvergessenheit, eine Auslöschung der »frühen Spur des Unterschieds«[4] im vorsokratischen Denken. Der vergessene Unterschied darf nicht als Relation gedacht werden. Er ist aus-einander-tragende Mitte, Unter-Schied als ein Zwischen. Das heißt, die Differenz tritt nicht zu Sein und Seiendem hinzu, um sie aufeinander zu beziehen, sondern diese erscheinen aus der Differenz her. Das Sein ist so anders, daß es nicht einmal

1 ders., Sein und Zeit, Tübingen [15]1979, S. 22f.
2 ders., Nietzsche II, S. 372
3 ders., Der Satz vom Grund, Pfullingen [4]1971, S. 114
4 ders., Holzwege, Frankfurt a. M. [5]1972, S. 336

›ist‹, d. h. es ist die Differenz – und zwar so, daß das ›ist‹ des Seins transitiv zu lesen ist: Übergang zu Seiendem. Das entspricht der frühen Charakterisierung des Sein als *transcendens*: Transzendenz als Grund der ontologischen Differenz wird als Überstieg gedacht. Darunter kann man sich nichts vorstellen. Das heißt: Das Andere zum Seienden zeigt sich dem Vorstellen als Nichts. Das Sein ist so anders, daß es nicht einmal ›ist‹, d. h. es ist *Nichts am Seienden*, oder – wie Heidegger negativ theologisch sagt – das ganz Andere.

Dessen Spur sichert Heidegger in der Sprache: Er denkt sie aus dem *Sagen* her, das er als Vorliegen-Lassen bestimmt. Die entscheidende Entstellung liege nun in der Unterstellung des Logos unter die *Phoné*, die das Register des Bezeichnens, Bedeutens und der Information eröffne. Die Zentrierung auf die Phoné verstellt das *Légein*. Seither steht der Sinn des Wortes ›Sein‹ in einzigartiger Beziehung zum Wort als der Einheit von Phoné und Sinn. Die phonetische Vorstellung der Sprache als Laut und Stimme kennzeichnet sie als Ausdruck.

Das ist die Urzelle einer Destruktion des Logo-phonozentrismus, die heute mit dem Namen Derridas verknüpft ist. Er nennt den Preis einer Konzeption der Wahrheit als Einheit von Logos und Phoné: die Verdrängung der Schrift. Die ›frühe Spur‹ des Verdrängten erkennt Derrida in den Formen seiner Wiederkehr: den Schriftmetaphern des abendländischen Diskurses. Nicht von ungefähr intervenieren hier Vokabeln der Psychoanalyse, denn es war Freuds Traumdeutung, die die von der Phoné beherrschte Schrift zur Schrift in der Schrift depossedierte: Auf dem *anderen Schauplatz* sind phonetische Schrift, Satz des Widerspruchs und Präsenzmetaphysik suspendiert. Diesen anderen Schauplatz, das Jenseits der Metaphysik, denkt Derrida mit dem Interpretament der Heideggerschen Differenz als Temporalisation. Die Andersheit, mit der uns jener Schauplatz der Schrift konfrontiert, markiert sich so, daß sie in das Verhältnis das einschreibt, was nicht ›gesetzt‹ werden kann – d. h. als sich selbst verspielende Setzung. Die Spur des Anderen erscheint als Verschwinden. Versucht man aber, den Anderen als solchen zu denken, so steckt gerade in dem ›als solchen‹ seine Dissimulation.

Dieselbe Bewegung der *différance* schreibt die Spur des Anderen ein und alteriert das Selbst; sein Selbstbezug eröffnet die Differenz mit sich. Das klingt dialektisch, soll es aber nicht sein. Denn der Selbstbezug muß radikale Endlichkeit markieren: Das Urmodell der Differenz als Temporalisation ist Heideggers ›Sein zum Tode‹. Doch die Ökonomie des Todes entwickelt Derrida nicht wie der frühe Heidegger aus dem *Entwerfend*-Sein, sondern wie Freud aus der Bewegung des *Aufschubs*. Aufschub, Wiederholung, Verspätung, Nachträglichkeit – Vokabeln, die anzeigen sollen, daß am Anfang eine Bewegung verzeitlichender Differenzierung steht, die den Ursprung durchstreicht. Wenn das Ursprüngliche aber nur im Selbstaufschub gegenwärtig ist, wird die Differenz transzendental.

Die mit Freud markierte Differenz zu Heidegger wiederholt dessen ontologische Differenz so radikal, daß sie zu deren »préouverture«[1] zurückgelangt. Das wird vom Kunstwort *différance* angezeigt: Das nur schreib- aber nicht hörbare ›a‹ inseriert in die Differenz zwei Momente: Verzeitlichung und polemische Nichtidentität. Das Sein der différance kann also nur durchstrichen angeschrieben werden: als solche präsentiert sie sich nie. Derrida nennt sie deshalb älter als das Sein und ungedachter als die ontologische Differenz: »Au-delà de l'être et de l'étant, cette différence (se) différant sans cesse (se) tracerait (elle-même).«[2]

Was so ungedacht, so unvordenklich ist, fordert eine eigene Aufweisungsart. Und wie bei Heidegger die *Destruktion* der Metaphysik die ontologische Differenz eröffnet, so soll deren pré-ouverture in der Bewegung der *différance* durch eine *Dekonstruktion* der abendländischen Diskurse erreicht werden. Dabei erkennt Derrida, daß keine Subversion der Metaphysik den Gebrauch ihrer Begriffe umgehen kann. Dieser Sachverhalt macht auch klar, wie unausweichlich und wie sinnlos der Metaphysikverdacht ist, den die Denker der Philosophie nach ihrem Ende gegeneinander erheben. Dekonstruktion ist immanent als *Genealogie* der Philosopheme und zugleich transzendent als Beschreibung des der Metaphysik selbst unnennbaren Draußen, also als *Symptomatologie* des Dissimulierten und Untersagten.

Alle Kräfte der Dekonstruktion sind auf dem metaphysischen Feld selbst entwendet. Deshalb ist ihr zentrales Problem das Ver-

1 J. Derrida, L'écriture et la différence, Paris 1967, S. 295
2 ders., Marges, Paris 1972, S. 77ff.

hältnis von Immanenz und Durchbruch – also »le problème de la clôture«[1]. Es läßt sich nur schriftlich lösen. Denn Dekonstruktion schreibt sich mit Ausstreichungen in die Tradition ein: »on peut écrire par ratures et ratures de ratures.«[2] Der Dekonstrukteur haust in den Metaphernruinen der Metaphysik. Nur von dort aus soll ihm der Überstieg in deren Jenseits gelingen. Denn die Transzendenz ist nichts als die *différance* zwischen Metaphysik und ihrer Dekonstruktion. Das läßt sich nur schreiben, nämlich als Einschreibung einer Spur in den metaphysischen Text.

1 ders., L'écriture, S. 163
2 ebd., S. 166

Das Selbst und sein Preis

1. *Unglückliche Selbstbehauptung*

Zu Recht hat Habermas einmal Schelskys »metaphysische Dauerreflexion« zur Charakterisierung der Stellung Adornos zur modernen Objektivität zitiert. Gemeint ist der Versuch schwindender Subjektivität, die eigene Verdinglichung permanent zu antizipieren. Dies »Exerzitium des Ausharrens«[1] im gegen sich selbst denkenden Denken heißt bekanntlich *Negative Dialektik*. Ihm entspricht eine dialektische Anthropologie, die daran verzweifelt, den Hiatus zwischen Mensch und Wahrheit zu überbrücken. Der Mensch als Grenzbegriff ist das Komplement des Negativismus – »das ist der unbemerkte Neukantianismus der negativen Dialektik«.[2]

Den Weg dahin ebnet der bemerkte Kantianismus der *Dialektik der Aufklärung*. Kants transzendentales Subjekt nennt jenes Sublimationsprodukt Selbst beim Namen, dessen Urgeschichte Horkheimer und Adorno darstellen wollen: Bürgerliche Selbsterhaltung hat den Preis der Selbstentäußerung, und die okzidentale Zivilisation zeigt den Januskopf von Selbstbehauptung und Selbstverleugnung. So exponiert die Dialektik der Aufklärung das Selbst von Ursprung an in einem naturhaften Zwangszusammenhang. Das Selbst folgt dem Geheiß, sich wegzuwerfen, um sich zu gewinnen. In seiner Arbeit der Entfremdung von Natur gibt es sich dieser preis. Des-

---

1 J. Habermas, Die Neue Unübersichtlichkeit, Frankfurt a. M. 1985, S. 219; vgl. ders., Legitimationsprobleme im Spätkapitalismus, Frankfurt a. M. 1973, S. 173f.

2 O. Marquard, Schwierigkeiten mit der Geschichtsphilosophie, Frankfurt a. M. 1982, S. 19

halb hat die Dialektik der Aufklärung eine naturgeschichtliche Verlaufsform. Wie die *Odyssee*, die *Phänomenologie des Geistes* und Heideggers Irrsal des Seins entziffert sie die Irrfahrt als Bildungsgeschichte des Selbst.

Seine Herrschaft über die Erde trägt die Male seines Unglücks, das es in die begegnende Weltgegenständlichkeit projiziert. »Dem Ich, das im sinnleeren Abgrund seiner selbst versinkt, werden die Gegenstände zu Allegorien des Verderbens, in denen der Sinn seines eigenen Sturzes beschlossen liegt.«[1] In äußerster Verkürzung faßt dieser Satz das Ende des Benjaminschen Barockbuchs zusammen: Der sinnleere Abgrund des Selbst, schlechthin subjektiver Tiefsinn, ist der Ort alles Bösen, und die allegorische Betrachtung manifestiert den »Triumph der Subjektivität und Anbruch einer Willkürherrschaft über Dinge«.[2] Daß aber in den Allegorien des Verderbens der Sinn des Sturzes absoluter Subjektivität beschlossen liege, zitiert Benjamins Hoffnung, daß Stürzende im Fallen sich überschlagen, das trostlose Bild des Endes umschlägt in die Allegorie der Auferstehung, luziferisch niederstürzende Subjektivität in Gott durch Ponderación misteriosa festgehalten wird.

Das ist der Rahmen der Dialektik der Aufklärung. Wie kommt sie in Gang? Aufklärung setzt eine universale Vermittlung ins Werk, die – Beziehbarkeit von allem auf alles – im Äquivalententausch, dem Marktprinzip, zu sich kommt. Danach modellieren sich die Subjekte. Indem sie den Markt betreten, subsumieren sie sich der absoluten Gleichheit des je eigenen Selbst. Dessen Besonderheit ist gesellschaftlich produzierter Naturschein; vor der Wirklichkeit zwanghafter Reproduktion von Klassenverhältnissen erweist sich Individuation als Schein. »Durch die Vermittlung der totalen, alle Beziehungen und Regungen erfassenden Gesellschaft hindurch werden die Menschen zu eben dem wieder gemacht, wogegen sich das Entwicklungsgesetz der Gesellschaft, das Prinzip des Selbst gekehrt hatte: zu bloßen Gattungswesen, einander gleich durch Isolierung in der zwangshaft gelenkten Kollektivität.«[3] Krieg und

1 M. Horkheimer / Th. W. Adorno, Dialektik der Aufklärung (zit.: DdA), Frankfurt a. M. 1969, S. 201
2 W. Benjamin, Gesammelte Schriften I, Frankfurt a. M. 21978, S. 407
3 DdA, S. 43

neue Barbarei sind nur äußerliche Manifestationen dieses aufklärungsimmanenten Umschlags totaler zivilisatorischer Integration in Desintegration. In dieser Denkfigur hat Habermas eine linke Variante der Totalitarismustheorie gesehen; das trifft zu. Aber war »eine überprägnante Wahrnehmung«[1] des Kollektivzwangs Aug' in Aug' mit dem Faschismus nicht realistischer als eine Klassenanalyse?

Problematisch an der *Dialektik der Aufklärung* ist nicht die Überprägnanz ihrer Wahrnehmungen, sondern die Homogenisierung der Geschichte zum unglücklichen Weltlauf: »von Homer bis zur Moderne«.[2] Ausdrücklich wird Bürgerlichkeit, gegen den historiographischen Begriff des Bürgers, so vordatiert, daß – in dialektischer Umfunktionierung der antiliberalen, neuromantischen Reaktion – Weltgeschichte restlos in Aufklärung aufgehoben scheint. Was sich in der Moderne katastrophisch zuspitzt, findet bei Homer sein vorweltliches Muster. Palimpsetisch trägt die *Dialektik der Aufklärung* die Spuren des Faschismus in den abendländischen Grundtext ein. »Der Bürger in den sukzessiven Gestalten des Sklavenhalters, freien Unternehmers, Administrators, ist das logische Subjekt der Aufklärung.«[3]

Von Homer bis zur Moderne – mit dieser Nivellierung der Geschichte, die gerade ihre dialektische Darstellung ermöglicht, rücken Horkheimer und Adorno in nächste Nähe zu Nietzsche und Heidegger. »Die Moderne verliert ihre ausgezeichnete Stellung; sie bildet nur noch eine letzte Epoche in der weit ausgreifenden Geschichte einer Rationalisierung, die mit der Auflösung des archaischen Lebens und dem Zerfall des Mythos einsetzt.«[4] Diese Nivellierung der Geschichte ist notwendig, um die Dialektik der Aufklärung nach dem bekannten Schema, daß schon Mythos Aufklärung ist und diese in jenen zurückschlägt, prozedieren zu lassen. Damit verliert aber nicht nur die Moderne ihre ausgezeichnete Stellung, sondern Aufklärung selbst ihren fundierenden Charakter für die abendländische Welt. Denn die Orientierung am Paradigma

1 J. Habermas, Zur Rekonstruktion des Historischen Materialismus, Frankfurt a. M. 1976, S. 65
2 DdA, S. 38
3 a. a. O., S. 90
4 J. Habermas, Der philosophische Diskurs der Moderne, Frankfurt a. M. 1985, S. 108

der *Odyssee* verankert die Urgeschichte der Subjektivität in »einer Kasuistik des mythischen Bewußtseins«[1], ohne dessen Bannkreis jemals zu überschreiten. Bürgerlichkeit ist nichts als mythisch verstrickte Selbstbehauptung.

Über dieses Schema der *Dialektik der Aufklärung* können nur Differenzierungen im Begriff der Selbstbehauptung hinausführen. Dafür nur einige Beispiele: Diogenes steht für eine am animalischen Minimum orientierte Selbstbehauptung gegen die Polis; das Ärgernis des Kreuzes deutet der hellsichtigste Christ als Zeichen »unglücklicher Selbstbehauptung« gegen Gott; Selbsterhaltung heißt das Programm einer aus dem Schatten des theologischen Absolutismus herausgetretenen Neuzeit; und auch der Zynismus des Posthistoire läßt sich als verzweifelte Selbsterhaltung deuten.[2]

Daß Horkheimer und Adorno solche historischen Differenzierungen im Begriff Selbsterhaltung nicht vornehmen, zeigt, daß die *Dialektik der Aufklärung* im Bann der griechisch gedachten *arché* steht: Anfang ist Herrschaft, zumal so, daß er das von ihm ausgehende Andere übergreift. Am Anfang war die Herrschaft, deren Unausweichlichkeit das Wesen der Aufklärung definiert: Wer nicht unmündig sein will, muß herrschen – »natürliche Selbstverwirklichung als Machtergreifung«[3]. Von allem Anfang an ist Macht als Beziehungsprinzip der Preis für die Selbst-Werdung. Unaufhörlich versuchen Horkheimer und Adorno im Grundtext okzidentaler Zivilisation das mythische *textum* paranoischer Allmacht kenntlich zu machen. *Theoria* erstarrt zum Blick des Herrn, und dessen Kommando definiert die Stellung des Menschen im Kosmos.

Das ist die negativistische Lesart des Willens zur Macht. Dessen Lehre ist nicht nur eine Apotheose des Affekts des Kommandos, sondern zugleich eine Form »wahrer Humanität« – Geheiß des »höheren Selbst«[4], ganz im Sinne des Heideggerschen Rufs

---

1 J. Taubes, »Zur Konjunktur des Polytheismus«, in: K. H. Bohrer (Hrsg.), Mythos und Moderne, Frankfurt a. M. 1983, S. 460

2 vgl. S. Kierkegaard, Die Krankheit zum Tode, München 1976, S. 121; K. Heinrich, Parmenides und Jona, Frankfurt a. M. 1982, S. 131 u. 139f.; M. Foucault, Die Sorge um sich, Frankfurt a. M. 1986, S. 183f.; H. Blumenberg, Säkularisierung und Selbstbehauptung, Frankfurt a. M. 1974, S. 141ff.

3 M. Theunissen, Selbstverwirklichung und Allgemeinheit, Berlin 1981, S. 47

4 Nietzsche, Menschliches Allzumenschliches, Bd. I, § 624

zur Eigentlichkeit. Das Geheiß des höheren Selbst definiert unsere Aufgabe; »dieser Tyrann in uns« zwingt in »die Härte der eigensten Verantwortlichkeit«[1]. Nichts anderes steht auch in *Sein und Zeit*. Das Kommando des Willens zum Selbst soll schließlich die Herrschaft der ›Selbsteigenen‹ über die Zivilisationssklaven sichern. Doch Nietzsches Selbst meint stets den Leib als – wie seinen Verächtern von Zarathustra gepredigt wird – »Gängelband des Ichs«. Dieses Leibapriori verkennt die *Dialektik der Aufklärung*, wenn sie Nietzsches höheres Selbst transzendentalistisch deutet »als die Erneuerung von Kants Unternehmen, das göttliche Gesetz in Autonomie zu transformieren«[2].

Bei dieser Deutung geht es Horkheimer und Adorno um eine entscheidende Denkfigur: daß der tote Gott gerettet wird in seinem Ebenbild, dem absoluten Selbst. Die abstrakte Identität des Selbst ist das Ebenbild der Macht, und zwar zuinnerst der göttlichen Allmacht. Der Identitätssatz kodifiziert die Macht der Selbstbehauptung. Diesem starren Interpretationsschema opfert die *Dialektik der Aufklärung* oftmals die Einsicht in den Textbefund. So hat Klaus Heinrich ihre Bacon-Deutung, die den Begriff der Aufklärung exponiert, in wesentlichen Punkten falsifiziert. Entscheidend ist, daß die Fixierung aufs Herrschaftswissen die Einsicht in den »Heilsaspekt« aller Aufklärung verstellt.[3] Horkheimer und Adorno lesen ihren Begriff der Aufklärung an der Transzendentalen Deduktion der reinen Verstandesbegriffe ab. Kants identisches Selbst als Einheit des möglichen Bewußtseins und somit Form aller Erkenntnis schützt mich davor, »ein so vielfärbiges verschiedenes Selbst« zu »haben, als ich Vorstellungen habe«[4]. Das an sich zerstreute empirische Bewußtsein hat keine Beziehung zur Subjektidentität. Das abstrakte Selbst ist der unerfüllte Punkt seiner absoluten Freiheit.

So dialektisch sich die *Dialektik der Aufklärung* gibt – daß sich dies nackte Selbst, das aus der unendlichen Abstraktion von allem Äußeren gewonnen wird, fortschreitend konkretisieren könnte,

---

1 a. a. O., Bd. II, § 4
2 DdA, S. 122
3 K. Heinrich, Versuch über die Schwierigkeit nein zu sagen, Frankfurt a. M. 1982, S. 176f.
4 I. Kant, Kritik der reinen Vernunft, B 134

ist ihr unvollziehbar. Adornos Bannspruch aus dem Kierkegaard-Buch: objektlose Innerlichkeit, ist auch für Horkheimer ein letztes Wort. Dagegen hat Michael Theunissen an Kierkegaard einen Begriff produktiver Innerlichkeit freigelegt, der die Formel, sich selbst werden heiße konkret werden, dialektisch expliziert. »Jeder Mensch ist nämlich primitiv als ein Selbst angelegt, dazu bestimmt, er selbst zu werden; und zwar ist jedes Selbst als solches kantig, aber daraus folgt nur, daß es zugeschliffen werden, nicht daß es abgeschliffen werden soll, nicht daß es aus Menschenfurcht ganz aufgeben soll, es selbst zu sein, oder gar bloß aus Menschenfurcht nicht zu wagen, es selbst in dieser seiner wesentlichen Zufälligkeit zu sein (die eben nicht abgeschliffen werden soll), in der man doch sich selbst für sich selbst ist.«[1] Wie der Wanderer in Nietzsches *Zarathustra* denkt auch Kierkegaard die Heimkehr des Selbst als Aneignung des Zufalls. Um zu werden, was es ist, muß das Selbst gebrochen, d. h. aber nicht: in seiner Zufälligkeit abgeschliffen, sondern in seiner Inkommensurabilität wie ein kostbarer Stein zugeschliffen werden. Für eine produktive Innerlichkeit wären Welterfahrung und Heilssorge keine sich ausschließenden Horizonte der Selbsterfahrung mehr.

Doch die *Dialektik der Aufklärung* kennt nur das »negative Selbst«, das sich von der es setzenden Macht losreißt, um sich selbst zu konstruieren und zum »experimentierten Gott«[2] zu werden. Seine Wissenschaft spaltet sich von der Selbsterkenntnis ab und hypostasiert »eine Art unmenschlichen Erkennens, zu dessen Zuwegebringen das Selbst des Menschen verschwendet wird, ungefähr wie Menschen zum Bau der Pyramiden verschwendet wurden«[3]. Wahrheit schrumpft zum disponierenden Denken. Das ist ein Ausdruck, der ins Kontor des puritanischen Berufsmenschen gehört. Disponierendes Denken meint die rationale Temperierung aller irrationalen Antriebe, kontinuierlichen Betriebscharakter, Rentabilitätsorientierung – und d. h. »Kapital*rechnung* in Geld«. So hat Max Weber den Geist des Kapitalismus in der berühmten Vorbemerkung charakterisiert[4], und nichts anderes meint Heideggers Kri-

1 S. Kierkegaard, a. a. O., S. 55
2 a. a. O., S. 101
3 a. a. O., S. 53
4 M. Weber, Gesammelte Aufsätze zur Religionssoziologie I, Tübingen ^{5}1963, S. 4

tik des rechnenden Denkens. Doch die Dialektik der Aufklärung leitet diese Denkform nicht aus der Warenform ab; der Ursprung identifizierend-disponierenden Herrschaftsdenkens soll ja weit vor der Entstehung rationaler Tauschverhältnisse loziert werden. Damit aber wird der Verdinglichungsbegriff in einen idealistischen Horizont zurückgestellt. Das hat Habermas sehr scharf gesehen: »Horkheimer und Adorno lösen den Begriff nicht nur vom speziellen geschichtlichen Kontext der Entstehung des kapitalistischen Wirtschaftssystems, sondern überhaupt von der Dimension zwischenmenschlicher Beziehungen ab und generalisieren ihn zeitlich (über die gesamte Gattungsgeschichte) und sachlich (indem sie beides, Kognition im Dienste der Selbsterhaltung und Repression der Triebnatur, derselben Logik der Herrschaft zurechnen). Diese doppelte Generalisierung des Verdinglichungsbegriffs führt zu einem Begriff instrumenteller Vernunft, der die Urgeschichte der Subjektivität und den Bildungsprozeß der Ich-Identität in eine geschichtsphilosophisch umfassende Perspektive rückt.«[1] Diese geschichtsphilosophische Unterbauung des historischen Materialismus entzieht die *Dialektik der Aufklärung* jeder empirischen Falsifikation. Nur der Weltlauf mag sie widerlegen.

Disponierendes Denken ist die Herrschaftsform des abstrakten Selbst. Max Weber hat es, wie gesagt, aus der rationalen Temperierung irrationaler Triebe abgeleitet. Das nennen Horkheimer und Adorno innermenschliche Naturbeherrschung: Die ursprünglich »lose ephemere Fügung des Subjekts« schließt sich erst durch die »Gleichschaltung«[2] seiner Momente im Triebverzicht zum Identitätspanzer zusammen. Triebunterdrückung ist die identitätsstiftende Innenwendung der Naturbeherrschung. Die *Dialektik der Aufklärung* spitzt diesen Gedanken zum Widerspruch zu: Selbstbehauptung qua Selbstbeherrschung ist virtuell Selbstvernichtung. Um Selbst zu werden, entsagt der Mensch sich selbst; er versäumt das Leben, das er rettet.

Der Prägnanz dieser Formel vom Selbst als Opferritual bringt die *Dialektik der Aufklärung* selbst ein Opfer: Die Differenz von

---

1 J. Habermas, Theorie des kommunikativen Handelns I, Frankfurt a. M. 1981, S. 508

2 DdA, S. 55 Anm.

entsagender Selbstbehauptung und Selbstbeherrschung im Sinne einer Ästhetik der Existenz entfällt. Überlegenheit über sich selbst im agonistischen Spiel mit anderen, wie sie Foucault[1] als spätantiken Existenzstil dargestellt hat, ist für Adorno und Horkheimer eine unvollziehbare Möglichkeit. Zur innermenschlichen Naturbeherrschung gibt es für sie nur eine Antithese: das »Eingedenken der Natur im Subjekt«.[2] Das ist der archimedische Punkt, von dem aus Aufklärung ohne Herrschaft gedacht werden soll. Auch dieses Utopikum hat seinen Preis. Es rückt die *Dialektik der Aufklärung* in nächste Nähe zum verhaßten Andenken des Seins in Heideggers Werk; »daß es sich einem factum brutum beuge, das hat viel glaubwürdiger (Adorno) selber praktiziert, als er sein eigenes Denken auf das Ethos der Naturfrömmigkeit verpflichtete.«[3] Das gilt in gleichem Maße für Horkheimers »Demut gegenüber der Natur«[4]. Ihre Versöhnung mit dem Selbst ist das *experimentum crucis* eines veränderten, herrschaftsfreien Begriffs von Aufklärung. Sie soll möglich sein, weil die innere Tiefe des Subjekts nichts als die Differenziertheit der äußeren Wahrnehmung sei: Selbst ist substantiell im Maße seiner Naturoffenheit. Der Gedanke wiederholt eine zentrale Bestimmung der Kantischen Genielehre: Aus ihrem Günstling spricht die Stimme der Natur im Subjekt. Auf sie zu hören, heißt Eingedenken. Es bleibt Utopie.

Dem zivilisatorischen Subjekt zeigt sich nur ein Weg der Flucht aus dem Identitätspanzer und der Annäherung an versöhnte Natur: die Selbst-Suspension, in der das Subjekt willig den Trabanten des Todestriebs folgt. Doch die Suspension des Selbst im Rausch und sein entsagendes Sichbehaupten sind nur die komplementären Bestimmungen abendländischer Subjektivität als eines transformierten Opfers. Zivilisatorische Rationalität verstopft sich die Ohren gegen die Stimme der Natur im Subjekt; das macht sie ziellos. Nimmt sie aber das Wachs aus den Ohren, so hat sie der Gefahr der Lockung doch immer schon vorgebeugt durch die Kautelen einer rein ästhetischen Haltung. Bürgerliche Kälte ist der Preis der Lust: »der Preis

1 vgl. M. Foucault, a. a. O., S. 121 u. 129
2 DdA, S. 47
3 M. Theunissen, Gesellschaft und Geschichte, Berlin 1969, S. 18
4 M. Horkheimer, Kritik der instrumentellen Vernunft, Frankfurt a. M. 1974, S. 120

der Entsagung, der Selbstverborgenheit, der unterbrochenen Kommunikation des Ich mit seiner eigenen, als Es anonym gewordenen Natur, wird als Folge einer Introversion des Opfers gedeutet.«[1]

In einem erstaunlichen Satz hat Kant das Äquivalenzprinzip des Tauschs der Autonomie des Selbst kontrastiert: »Im Reich der Zwecke hat alles entweder einen Preis oder eine Würde.«[2] Da liegt für eine Dialektik der Aufklärung die Frage nach dem Preis der Würde nahe. Kant definiert sie bekanntlich durch »das strenge Gebot« der »Pflicht als Pflicht überhaupt« und die Achtung vor dem Gesetz als vor sich selbst. Im Gesetz achte ich mich als von Eigenliebe freies Selbst: »das liebe Selbst, das immer hervorsticht«, muß durch »Selbstverleugnung«[3] gebrochen werden. Vor dem Gesetz erweist sich das Subjekt als *subiectum* seiner selbst. »Dem Gesetz mich unterwerfend, unterwerfe ich mich mir selbst als reiner Vernunft. In diesem Mich-mir-selbst-unterwerfen erhebe ich mich zu mir selbst als dem sich selbstbestimmenden freien Wesen. Dieses eigentümliche unterwerfende Sich-erheben seiner selbst zu sich selbst offenbart das Ich in seiner ›Würde‹.«[4] Die Würde des Menschen ist unantastbar, denn die Achtung vor dem Gesetz tabuiert den Grund allen Rechts: »entsagende Rache«[5]. Das Selbst nimmt sie an sich selbst. So ist der Ursprung des Selbst untrennbar von seiner Spaltung. Und Aufklärung vollendet diese Entfremdung. Nun ist, wie Hegel sagt, alles Selbst.

2. *Im Schatten Max Webers*

Es ist leicht zu erkennen, daß die *Dialektik der Aufklärung* Max Webers Thesen zum okzidentalen Rationalismus und zur Weltentzauberung Aug' in Aug' mit dem Faschismus reformuliert. Das stahlharte Gehäuse heißt jetzt verwaltete Welt, die Zweckrationalität instrumentelle Vernunft; und auch die berühmte These vom

1 J. Habermas, Diskurs der Moderne, S. 134
2 I. Kant, Grundlegung zur Metaphysik der Sitten, S. 77
3 a. a. O., 27f.
4 M. Heidegger, Kant und das Problem der Metaphysik, Frankfurt a. M. [4]1973, S. 153; vgl. C. Schmitt, Der Wert des Staates, Hellerau 1917, S. 88
5 DdA, S. 63 Anm.

Rückschlag der Aufklärung in Mythos läßt sich als Reprise der Weberschen Wiederkehr des Polytheismus lesen. Was Thomas Mann, im Anschluß an Nietzsche, die »Verschränktheit«[1] von Fortschritt und Reaktion nannte – Schopenhauer etwa erscheint in dieser Perspektive als Genie des Rückschlags –, hat Max Weber erstmals gesellschaftstheoretisch präzisiert: Die fortschreitende Rationalisierung verleiht der Welt wieder Züge mythischen Zwangs. Gerade die unbedingte Entzauberung führt immer tiefer in eine säkular-mythische Bewußtseinslage hinein. »Die alten vielen Götter, entzaubert und daher in Gestalt unpersönlicher Mächte, entsteigen ihren Gräbern, streben nach Gewalt über unser Leben und beginnen untereinander wieder ihren ewigen Kampf. Das aber, was gerade dem modernen Menschen so schwer wird, und der jungen Generation am schwersten, ist: einem solchen *Alltag* gewachsen zu sein.«[2] Man könnte, in objektiv ironischer Umkehrung der Hegelschen Formel, von einer List des Mythos sprechen. Die rationale Ausdifferenzierung der Wertsphären nach ihrer spezifischen Eigenart begründet einen Polytheismus der Sachlichkeit. Den autonomen Wertsphären der gottfernen Welt eignet die Kontingenz von Glaubensmächten.

Diesen Gedanken spitzen Horkheimer und Adorno zur Dialektik der Aufklärung zu. Sie synthesieren die Ratio der Produktivkräfte: Naturbeherrschung und die Zweckrationalität ihres institutionellen Rahmens zur dämonischen Vollzugsform abendländischer Vernunft. Das nennt man Webermarxismus. »Die ›Dialektik der Aufklärung‹ tilgt die Ambivalenz, die Max Weber gegenüber Rationalisierungsprozessen noch hegte, und sie kehrt Marxens positive Einschätzung kurzerhand um. Wissenschaft und Technik, für Marx ein unzweideutig emanzipatorisches Potential, werden selbst zum Medium gesellschaftlicher Repression.«[3]

Gerade indem Horkheimer und Adorno die Ambivalenz des Rationalisierungsprozesses tilgen, können sie dessen Entzauberungsleistung *dialektisch* interpretieren. Schon die ersten Sätze über den Begriff der Aufklärung identifizieren sie mit Webers Entzauberung

1 Th. Mann, Essays Bd. 3, Frankfurt a. M. 1978, S. 155
2 M. Weber, Wissenschaft als Beruf, Berlin [6]1975, S. 28
3 J. Habermas, Kommunikatives Handeln I, S. 208; vgl. ders., Unübersichtlichkeit, S. 177

der Welt. Gemeint ist der von okzidentaler Rationalität angestrengte Prozeß gegen Mythos, Einbildung und Animismus. Er hatte Erfolg, denn nun leben wir in einer »vom Schein befreiten Welt«[1]. Aufklärung hat also ihr Programm tatsächlich erfüllt – nur die Vorzeichen haben sich verkehrt. Die Scheinlosigkeit ist das Strahlen des Unheils; die befreite Welt ist die total verwaltete, das stahlharte Gehäuse. Wie im Märchen ist alles verhext. Denn Dialektik der Aufklärung heißt Dialektik der Entzauberung: Entzauberung selbst erweist sich als der undurchdringlichste Zauber. Und das Zentrum dieses Unheilsgeschehens liegt im Selbst. Aufklärung fordert den Preis der Selbstentzauberung. Indem das entzauberte Selbst seinen Traum preisgibt, um sich zu behaupten, verliert sein siegreiches Denken die ungeheure Kraft des Negativen. Eindimensional ist der Aufgeklärte und transzendenzvergessen. So wird ihm die Erde tatsächlich, wie Nietzsche spottete, zur Wiese des Unheils. Selbstentzauberung ist der Punkt des Rückschlags von Aufklärung in Mythos.

Der vom Schein befreiten Welt entspricht eine neutrale Vernunft. Gerade indem sie der Welt den »Charakter unentrinnbarer Zweckmäßigkeit aufprägt«,[2] erweist sich die planende, kalkulierende Ratio, das rechnende Denken, als indifferent gegen jedes Telos. Neutrale Vernunft ist – deshalb heißt sie »unentrinnbar« – die moderne Schicksalsmacht. Im Wissenschaftsbetrieb findet sie ihren willigen Agenten. Betrieb, denn Wissenschaft funktioniert, weil sie nicht weiß, was sie ist. Wissenschaft denkt nicht, so Heidegger. Nicht anders urteilen Horkheimer und Adorno, die in Hegels These, das Wahre sei nur als System wirklich und Philosophie zur Wissenschaft zu erheben, das Selbstmißverständnis der Aufklärung resümiert sehen: Bedingung der Möglichkeit von Wissenschaft ist, daß sie sich selbst nicht versteht. »Erforscht werden soll nur das Seiende und sonst – nichts.«[3] Und weil Wissenschaft vom Nichts nichts wissen will, verfehlt sie immer schon das Sein, gerade indem sie alles Seiende mit Beschlag belegt. Heideggers berühmte These aus der Vorlesung von 1929 findet in der *Dialektik der Aufklärung* uneingeschränkten Rückhalt: »Kein Sein ist in der Welt, das Wis-

1 DdA, S. 270
2 a. a. O., S. 95
3 M. Heidegger, Was ist Metaphysik?, Frankfurt a. M. [10]1969, S. 26

senschaft nicht durchdringen könnte, aber was von Wissenschaft durchdrungen werden kann, ist nicht das Sein.«[1]

Wie die Wissenschaften werden auch die übrigen ausdifferenzierten Wertsphären der Moderne neutralisiert. In der freien Wahl der Sektenzugehörigkeit realisiert sich die geschichtliche Neutralisierung der Religion; die Kunstinstitutionen neutralisieren Lockung und Rausch. Ja, selbst der Kulturbegriff gilt der *Dialektik der Aufklärung* als Produkt der Neutralisierung. Auch auf diese Thesen fällt der Schatten Max Webers. Chr. Steding, der 1932 eine bedeutsame Dissertation über Politik und Wissenschaft bei Max Weber vorlegte, hat in seinem protofaschistischen Werk *Das Reich* die Neutralisierung des Daseins als »die Krankheit der europäischen Kultur« gebrandmarkt. Und ein anderer Max-Weber-Schüler, Carl Schmitt, der Stedings Reichs-Buch zustimmend rezensierte, hat die Moderne insgesamt als »Zeitalter der Neutralisierungen« charakterisiert: »mit der Technik war die geistige Neutralität beim geistigen Nichts angelangt.«[2] Das stahlharte Gehäuse ist zum Grabmal des Geistes geworden, der es errichtete. Das ihm zugehörige neutrale Subjekt findet seine Legitimation in Heideggers Daseinsanalyse.

Heidegger neutralisiert das Selbst durch einen Kordon von Verneinungen: es ist weder Substanz noch Subjekt, noch Ichidentität. Eigentliches Selbstsein ist kein Ausnahmezustand des Subjekts und eben niemals das, was »Man« Selbst nennt und ist. Wer auf die Sirenentöne des Man hört, überhört den Ruf zum Selbst, der eigentlich ein Schweigen ist, das durch das Ich-Sagen des Selbst-Dings übertönt wird. So schrumpft die Sokratische Sorge um sich zur Tautologie: Das Selbst ist Grund der Sorge und gründet auf ihr seine »Ständigkeit«. Daraus hat D. Henrich die Hoffnung des modernen Denkens, d. h. der neutralen Vernunft, bestimmt: »Das um seinen Bestand besorgte Selbst möge am Ende einen internen Grund seiner eigenen Möglichkeit finden.«[3]

1 DdA, S. 32
2 C. Schmitt, Der Begriff des Politischen, Berlin 1963, S. 92
3 D. Henrich, »Selbsterhaltung und Geschichtlichkeit«, in: H. Ebeling (Hrsg.), Subjektivität und Selbsterhaltung, Frankfurt a. M. 1976, S. 114

Doch die tautologische Selbstsorge ist zugleich »angewiesen auf Hinnahme«[1]. Gemeint ist das Überhaupt eines Angegangenwerdenkönnens, das als neutrale Transzendenz die Selbstheit endlicher Wesen konstituiert. Daß die Transzendenz nichts als das In-der-Welt-Sein ist, neutralisiert das Selbstsein. Auch das »Herz des Daseins«[2] ist von der Krankheit der europäischen Kultur befallen.

3. *Heilsaspekte*

elbstsein – man muß Differenzen benennen, um in seiner Bestimmung konkret werden zu können. Es ist nicht Substanz noch Subjekt, weder Persönlichkeit noch Seele. Im *Stern der Erlösung* hat es Franz Rosenzweig der antiken Bewußtseinslage zugerechnet: Im souveränen Anspruch des Trotzes realisiert sich der reine freie Wille. Und das Selbst entsteht im »Übergriff des freien Willens auf die Eigenheit«[3]. Diese Struktur bestimmt auch das Selbstverständnis der modernen Philosophie; die Herkunft ihres Selbstbewußtseins begründet sie aus der Selbstbehauptung vor Gott und seiner Allmacht zum Trotz. Sie nennt sich, noch von keiner Dialektik angekränkelt, Aufklärung.[4]

Das Selbst und der Trotz – er isoliert es und zwingt ihm von Anfang an die alles ausschließende Form des Weltverhaltens auf: die Selbstbeziehung. Das Selbst ist allein wie Adam. Die es objektivierende Gestalt der Geschichte ist der antike tragische Held in seiner erhabenen Stummheit. »Der verschlossene Mensch, er ist's, der ähnlich wie der verborgene Gott an der Grenze der Offenbarung steht und sie von der Vorwelt scheidet. – Denn zwar war der heidnische Mensch, das Selbst, in sich eingeschlossen; aber deswegen war er doch nicht verschlossen; er war sichtbar; er fand zwar keinen Zugang zur Welt, aber die Welt fand ihren Zugang zu ihm,

---

1 M. Heidegger, Kant und das Problem..., S. 183
2 M. Heidegger, Vom Wesen des Grundes, Frankfurt a. M. ^{6}1973, S. 53; vgl. Heidegger über »geschlechtliche Neutralität«, a. a. O., S. 38, und dazu J. Lacan, Encore, Weinheim 1986, S. 16
3 F. Rosenzweig, Der Stern der Erlösung, Haag 1976, S. 73
4 G. Krüger, »Die Herkunft des philosophischen Selbstbewußtseins«, in: Logos Bd. 22, 1933, S. 246 u. 258

und obwohl er stumm war, konnte er doch angesprochen werden.«[1] Aber das trotzig in sich selbst vermauerte Selbst kann nicht aus sich heraustreten und Seele werden.

Daß Seele dem antiken Selbst inkommensurabel bleibt, gibt eine erste Andeutung darüber, welche Vorentscheidung für eine Urgeschichte der Subjektivität in der Orientierung an einem antiken Heros, nämlich Odysseus, liegt. Gegen den Odysseus der *Dialektik der Aufklärung* hat Jacob Taubes deshalb Hesekiel, Kap. 18, als Punkt der Umkehr zur ›Seele‹ jenseits mythischer Geisteslagen gedeutet. Demnach versperrt gerade das Figuralparadigma Odysseus die Erfahrung von Geschichte jenseits des Mythos.[2] Taubes' Kritik an der *Dialektik der Aufklärung* folgt Motiven des Cohenschen Spätwerks. Darin wird, gegen alle bloß naturhafte Selbsterhaltung, der Bestand des Selbst »nur in der Korrelation zu Gott«[3] gesucht. Im unausgesprochenen Zentrum der Taubes'schen Kritik steht eine Analogie: Die *Dialektik der Aufklärung* verhält sich zur Religion der Vernunft wie Schellings *Philosophie der Mythologie* zur *Philosophie der Offenbarung*. Dort heißt es: »die eigentliche Freiheit besteht nicht im *seyn*-, nicht im sich äußern- – sondern im nicht seyn-, im sich nicht äußern-Können, wie man den Besonnenen mehr erkennt an dem, was er nicht thut, als an dem, was er thut.«[4] Als das, was es ist, wird sich das Selbst im Wirklichen niemals habhaft. Es *ist* nur um den Preis seiner selbst. Schelling bringt hier eine Dialektik von Glaube und Selbstsein in Gang, die aus der Sackgasse trotziger Selbstbehauptung herausführt. Durch die »Freiheit des Menschen *von* sich«[5] rückt sein Selbst in Korrelation zu Gott.

Schellings Dialektik des Selbst ist von Kierkegaard auf prägnante Formeln gebracht worden. Es macht den christlichen Heroismus endlicher Existenz aus, das Wagnis einzugehen, ganz allein vor Gott Selbst zu sein. Hier sind wir am geschichtsphilosophischen Kreuzweg zwischen jener »Ständigkeit« des Selbst in Korrelation zu Gott

1 Rosenzweig, a. a. O., S. 230
2 vgl. J. Taubes, a. a. O., S. 461f.
3 H. Cohen, Religion der Vernunft aus den Quellen des Judentums, Darmstadt 1966, S. 264
4 Schelling, Philosophie der Offenbarung I, Darmstadt 1974, S. 209
5 M. Theunissen, »Der Gebetsglaube Jesu und die Zeitlichkeit des Christseins«, S. 32

und einer autonomen Behauptung des Selbst aus philosophischem Selbstbewußtsein. Denn die spezifisch moderne Reflektiertheit »setzt die christlich verstandene *Ohnmacht des Menschen vor Gott* voraus«[1]. Die Herkunft des rein philosophischen Selbstbewußtseins datiert also auf das monotheistische Wissen des Menschen von sich vor Gott zurück. Und es ist das Kernstück des Selbstverständnisses philosophischer Moderne, daß Descartes, bei dem wir, Hegel zufolge, erstmals ›Land sehen‹, die Konstellation: Selbst-Erkenntnis als Zusichkommen vor Gott, in toto säkularisiert hat. Mag das auch eine der zahlreichen Neuzeitlegenden sein – sie war doch mächtig genug, das theologische Selbst zu verschatten. Seine Karriere von Schelling über Kierkegaard zu Heidegger endet, wie gesehen, in existenzialer Neutralität.

Nach langer Zeit und für lange Zeit war Kierkegaard der einzige, der Gott als Maßstab für das Selbst aufrichtete, auf daß dieses an jenem sich unendlich potenziere. Gott entläßt den Menschen, indem er diesen zu einem Verhältnis macht, das sich zu sich selbst verhält. Das Selbstverhältnis ist gottgesetzt, d. h. immer schon Verhältnis zum Anderen. Das theologische Selbst ist das Selbstverhältnis eines durch Gott gesetzten Verhältnisses; es gründet sich in der Macht, die es setzte. So lautet Kierkegaards christliche Antithese zur heidnischen Selbstbehauptung. Die Freiheit eines Christenmenschen liegt im Selbstverhältnis eines Gesetztseins, das selbst Verhältnis ist: das ›vor Gott‹. Damit disqualifiziert Kierkegaard jeden Begriff des Selbst, dessen Maßstab der Mensch ist. Gegen den Trotz heidnischer Selbstbehauptung ist ihm Christus der Beweis dafür, daß Gott des Menschen Maßstab ist. »Ein Selbst Christus gegenüber ist ein potenziertes Selbst durch das ungeheure Zugeständnis Gottes, potenziert durch den ungeheuren Nachdruck, der dadurch auf es fällt, daß Gott um der Schuld des Selbst willen sich gebären ließ, Mensch wurde, litt und starb.«[2]

Die hier ein Äußerstes an Dialektik entfaltende Christologie wird von Horkheimer und Adorno als monotheistische Verkleidung des Gottesopfers denunziert. Christentum, von Kierkegaard energisch

1 G. Krüger, a. a. O., S. 229
2 S. Kierkegaard, a. a. O., S. 154

gegen die heidnische Selbstbehauptung gewendet, erscheint nun selbst als heidnisches Opferritual. Einmal überantwortet es das entwertete Leben in *dieser* Welt der Profanität; zum anderen fordert es für die göttliche Gnade, die den mythischen Zirkel von Schuld und Verdienst durchschlägt, den höchsten Preis: die Vergottung eines Magiers. In diesen Thesen spitzt sich die Dialektik der Aufklärung zur Dialektik von Judentum und Christentum zu. Das Judentum formuliert erstmals das »Mythologieverbot«, dessen Säkularisation Aufklärung heißt. Es bricht alle Formen der Anbetung, Verehrung und Hingabe im Innersten. Dagegen erscheint jenes ›Selbst Christus gegenüber‹ als Rückfall hinter den in jüdischer Ratio erreichten Stand der Aufklärung. Denn christliche Liebe fordert wieder »die reine Anbetung«. Das ist der Preis für die Entmächtigung des jüdischen Gesetzes durch Gnade. »Die Versöhnung der Zivilisation mit Natur, die es durch die Lehre vom gekreuzigten Gott vorzeitig erkaufen wollte, blieb dem Judentum so fremd wie dem Rigorismus der Aufklärung. Moses und Kant haben nicht das Gefühl verkündigt, ihr kaltes Gesetz kennt weder Liebe noch Scheiterhaufen.«[1]

Der erpreßten Versöhnung christlicher Liebe stellen Horkheimer und Adorno die jüdische Idee einer *Versöhnung als Erwartung* entgegen. Zu hoch ist ihnen der Kaufpreis christlicher Versöhnung: die Wiederkehr des Mythos in der Religion. Doch auch die Wendung heraus aus der christologischen Dialektik hat ihren Preis: im unausgesetzten Harren, dem religiösen Exerzitium metaphysischer Dauerreflexion, erstarrt die Idee der Versöhnung zur Chiffre[2]. Das Verhältnis von Judentum und Christentum ist erstmals im *Moses*-Buch von Freud als religionsgeschichtliche Grundgestalt der Dialektik der Aufklärung bestimmt worden: Christentum stellt zwar einen Rückschritt in der Vergeistigung, »kulturelle Regression«[3], doch zugleich einen Fortschritt in der Wiederkehr des Verdrängten dar. Durch die Liebe des Sohnes hat es Gott als Vater den Menschen wieder kommensurabel gemacht und die Schreckensherrschaft des

1 DdA, S. 122
2 vgl. J. Habermas, Kommunikatives Handeln I, S. 512; M. Theunissen, »Negativität bei Adorno«, in: Friedeburg/Habermas (Hrsg.), Adorno-Konferenz 1983, Frankfurt a. M. 1983, S. 54
3 S. Freud, Der Mann Moses und die monotheistische Religion, S. 116

jüdischen Geist-Gottes gebrochen. Doch dies ist der Preis des neuen Selbst vor Christus: »Um soviel wie das Absolute dem Endlichen genähert wird, wird das Endliche verabsolutiert. Christus, der fleischgewordene Geist, ist der vergottete Magier. Die menschliche Selbstreflexion im Absoluten, die Vermenschlichung Gottes durch Christus ist das proton pseudos. Der Fortschritt über das Judentum ist mit der Behauptung erkauft, der Mensch Jesus sei Gott gewesen. Gerade das reflektive Moment des Christentums, die Vergeistigung der Magie ist schuld am Unheil. Es wird eben das als geistigen Wesens ausgegeben, was vor dem Geist als natürlichen Wesens sich erweist. Genau in der Entfaltung des Widerspruchs gegen solche Prätention von Endlichem besteht der Geist.«[1] Das christliche Selbst aber bringt das sacrificio dell'intelletto: das Gute verklärt es zur Kraft des Weltlaufs und nennt ihn Heilsordnung. Der sich als Heil verhärtende Geist des Christentums ist geistfeindlich[2]. So erweist sich die Dialektik der Aufklärung in ihrem religionsgeschichtlichen Zentrum als kritische Entfaltung des Antisemitismus.

Bis ins Innerste ihrer eigenen Denkbewegung ist die Dialektik der Aufklärung von dem geprägt, was sie thematisiert: Die jüdische Idee einer Versöhnung als Erwartung artikuliert sie, durch Hegels Terminologie, christologisch. Weil alle Versöhnung in der Geschichte die Male der Erpressung trägt, hält sich der Messianismus Horkheimers und Adornos allein an die Gnadenzeichen in »Verkörperungen der Erwartung«[3]. Die gesellschaftliche Macht des Zusammenhangs anerkennen sie als modernes Schicksal. Die späteren Schriften vor allem Adornos ziehen dann diese Perspektive immer deutlicher aus: Negativismus als Form des Messianismus.

Natürlich muß es die Pointe jeder wirklich tief angelegten Kritik der *Dialektik der Aufklärung*, die ja den Rückfall von Aufklärung in Mythos beschreibt, sein, deren eigener Konzeption just diesen Rückfall in den Mythos zu bescheinigen. Ist schon der Negativismus Resultat einer um die Negation der Negation verkürzten Hegelschen Negationstheorie, so verdoppelt der Gedanke einer messianischen Sprengung des Banns das mythische Versprechen der

1 DdA, S. 186
2 vgl. a. a. O., S. 188
3 K. Heinrich, Versuch, S. 162

Hegelschen Dialektik: Messianische Kraft wächst dem Gedanken zu, »indem er dem Negativen ins Angesicht schaut, bei ihm verweilt. Dieses Verweilen ist die Zauberkraft, die es in das Sein umkehrt.«[1] Nur diese Zauberkraft erweist einen sonst heillosen Negativismus als Messianismus. So kehrt im Denken Horkheimers, vor allem aber Adornos, die philosophisch verdrängte Lehre von der Negation der Negation in ihrer mythischen Urform wieder: »Erkenntnis ist ein τρώσας ἰάσεται.«[2] Das ist die Identifikation des Verwundenden und des Heilenden aus dem Telephos-Mythos; der Orakelspruch des Apollon definiert die Methode negativer Dialektik. Nur die Lanze des Achilleus heilt die durch sie geschlagene Wunde des Telephos: ὁ τρώσας καὶ ἰάσεται. Hegels Negation der Negation ist die Rationalisierung dieses Mythos, der von Adorno wieder à la lettre genommen wird[3]. Eine Dissertation, die bei Adorno und Habermas vorgelegt wurde, belegt die Virulenz des Topos ὁ τρώσας ἰάσεται in der Philosophie des deutschen Idealismus. Am prägnantesten, so zeigt M. Puder, wird er in Hegels Religionsphilosophie: Erkennen ist das Böse und doch zugleich »das göttliche Prinzip der Wendung«; »es schlägt die Wunde und heilt sie.« Aus dem Krankmachenden quillt die Gesundheit, aus dem Giftbecher schäumt die Versöhnung. Erkenntnis ist die Schlange, aber auch die andere Seite der Reflexion, die »jener den Kopf zertreten« wird. Ja, der Satz aus der *Negativen Dialektik*: »Erkenntnis ist ein τρώσας ἰάσεται« steht wörtlich bei Hegel: »Erkennen heilt die Wunde, die es selber ist.«[4] In der Versöhnung ist der Tod selbst des Todes. Die vollbrachte Tat kann spurlos zurückgenommen werden, denn der Geist ist der Meister der Wirklichkeit, der alles ungeschehen machen kann. So schreibt Hegel seinen obersten Begriff, Versöhnung, jenem Telephos-Mythos ein: »Die Wunden des Geistes heilen, ohne daß Narben bleiben.«[5]

Warum dieser offene Rückgriff auf mythische Bilder? Auch die Bilder der Erlösung sind geschlagen vom mythischen Bann des ge-

1 Hegel, Theorie-Werkausgabe Bd. 3, S. 36
2 Th. W. Adorno, Gesammelte Schriften Bd. 6, Frankfurt a. M., S. 62
3 vgl. M. Theunissen, »Hegel und die Dialektik«, in: Meyers Großes Universallexikon, S. 592; ders., »Negativität«, S. 51f.
4 Zitiert nach: M. Puder, Doppeldeutige Sprachfiguren bei Kant (Inaugural-Diss. 1968), S. 41; Hegel, a. a. O., Bd. 17, S. 257f., und Bd. 12, S. 391
5 Hegel, a. a. O., Bd. 3, S. 492

sellschaftlichen Zwangszusammenhanges. Und unterm jüdischen Bilderverbot sind sie ohnehin nur möglich als Denkbilder: zugleich versehrende und heilende Begriffe. Sie rekonstruieren den gesellschaftlichen Zwangszusammenhang so total, daß Befreiung aus ihm nur noch als Erlösung gedacht werden kann.

Aug' in Aug' mit dem Faschismus wird der Dialektik der Aufklärung Totalität »zum radikal Bösen«, denn sie ist »das *zum Absoluten aufgeblähte* Prinzip der Herrschaft«[1]. Das ist die gesellschaftliche Akzentuierung der Kritik an jenem »Geist, der Totalität sein soll«, und den Hegel deshalb »zum Ganzen aufblähen«[2] müsse. Entscheidend ist der Ausdruck »aufblähen«. Bekanntlich gebraucht ihn Paulus gegen die Korinther: Gnosis bläht auf! Adorno kritisiert Hegel wie Paulus die Korinthische Gemeinde: Gegen den sich zur Totalität »aufblähenden« Geist, der sich gegen den »sich erniedrigenden Gott« verblendet, »hält er am Absoluten ohne Totalität fest. Das Absolute wird ihm zum Gegenteil des Ganzen«.[3] Ließe sich das Gesetz abtun, ohne in Mythos zurückzufallen; ließe sich eine Religion des sich erniedrigenden Gottes denken, die nicht im Gegenzug den Menschen vergottete – ihre Theologie wäre in den Fluchtlinien der *Dialektik der Aufklärung* zu konstruieren.

4. *Das ästhetische Absolute*

Die theologischen Fluchtlinien führen ins Ästhetische. Auch diesen Weg, den die Spätschriften Adornos dann deutlich beschreiten, hat die *Dialektik der Aufklärung* geebnet. Eine ihrer zentralen Exemplifizierungen gilt dem Tausch: Die Zurüstung des Äquivalententauschs ist die allgemeine Verunstaltung der Dinge, doch seine Rationalität verheißt zugleich freie und gerechte Kommunikationsverhältnisse. Diese Dialektik »könnte sich dabei auf das griechische, von Paulus benutzte Wort für Versöhnung (καταλλαγή) berufen, das

1 Th. W. Adorno, Drei Studien zu Hegel, Frankfurt a. M. 1970, S. 78 u. 104; vgl. Theunissen, »Gebetsglaube«, S. 61, und ders., Hegels Lehre vom absoluten Geist, Berlin 1970, S. 25f.
2 Th. W. Adorno, Gesammelte Schriften Bd. 6, S. 199
3 Theunissen, »Negativität«, S. 60

seinerseits auch den Tausch auf dem Markt bezeichnet«[1]. Die einzige Sphäre, die die Idee des gerechten Tauschs, unverschandelter Dinge und unversehrter Intersubjektivität – also die Idee der Versöhnung – trägt und damit eine proleptische Geschichtsphilosophie ermöglicht, ist die ästhetische. Nur das Kunstwerk verbürgt, daß messianische Splitter ins negative Ganze eingestreut sind.

Der ästhetische Schein ist »Erscheinung des Ganzen im Besonderen«; ohne daß sich der Geist zum Absoluten aufblähte, hat das Kunstwerk »die Würde des Absoluten«, denn es ist Ausdruck der Totalität und zieht doch den Kreis seiner Autonomie jenseits dessen, was der Fall ist[2]. Solche eschatologische Rettung der Gnosis im Ästhetischen hat Adorno schon in seinem frühen *Kierkegaard*-Buch vollzogen. Dialektische Synthesis, der Schein der Versöhnung, der Anspruch des Absoluten: dies alles – dem negativistischen Denken durch ein säkularisiertes Bilderverbot untersagt – wird der ästhetischen Sphäre gewährt. Mit großer Sympathie zitiert die *Dialektik der Aufklärung* den Satz Schellings: »wo die Kunst sei, soll die Wissenschaft erst hinkommen.«[3] Moderne Ohren hören hier, gleichsam als Interlinearversion, Freuds numinoses Diktum: »Wo Es war, soll Ich werden.« Das ist immer schon als Intention der Aufklärung verstanden worden. Doch halbe Aufklärung hat stets auch gemeint, *was* Es war, solle Ich werden – dieses Postulat mißt das Selbst am Maßstab des repressiven Prinzips. Freuds integrale Aufklärung meinte es anders: Es geht der Analyse um die Aneignung der Stücke am Es, die das Ich durch frühe Verdrängungen eingebüßt hat. Wenn ich weiß, wo Es war, bin ich nicht mehr Ich (der alte Adam), sondern werde es erst. Das Selbst steht exzentrisch zum alten Adam: Ein Anderer ist mir wichtiger als Ich.[4] In diesem Sinne deuten Horkheimer und Adorno den Schellingsatz: Wo die Kunst war, auf ihrem blind, weil ohne Begriffe eroberten Schauplatz, soll

---

1 a. a. O., S. 54; vgl. J. Habermas, Kommunikatives Handeln I, S. 523
2 DdA, S. 25
3 Schelling, Werke I. Abt., Bd. 2, S. 623
4 vgl. Verf., Wer hat Angst vor der Philosophie?, Paderborn 1982, S. 95ff. – Verf. hätte ahnen müssen, daß, wenn er zeigt, daß Habermas falsch gelesen hat, dieser nicht lesen würde, daß er falsch gelesen hat; und deshalb im nächsten Buch wiederholen würde, was nicht dasteht (– in Freuds Text). Sein Ziehvater hat es geahnt: vgl. Adorno, Ges. Schr. Bd. 6, S. 267

Wissenschaft werden, d. h. sie soll mit Begriffen aufschließen, was Aufklärung als ihr Anderes verdrängt hat. Begriffe der Aufklärung, die auf dem anderen Schauplatz der Kunst operieren, konstituieren eine *Ästhetische Theorie*. So treu bleibt auch Adornos Spätwerk der Denkfigur einer dialektisch über sich selbst aufgeklärten Aufklärung.

Sie fragt nach Potentialen eines Widerstandes des Selbst gegen Verdinglichung. Im Begriff des Charisma vertraute Max Weber noch auf den Glanz seiner Souveränität; im Begriff der Mimesis definieren seine Schüler ein Minimalprogramm: Widerstand durch ein Nichtwiderstehen, Sichangleichen. Auch hier durchbricht die *Dialektik der Aufklärung* nicht die mythische Geisteslage. Sie kennt nicht das Licht der Phantasie. Für Horkheimer und Adorno zementiert Phantasie im unwahren Ganzen nur den Schein, der die Welt der Tatsachen verdoppelt. An ihre Stelle im Theoriegefüge der Ästhetik tritt deshalb Mimesis.[1] Sie ist der einzig mögliche Partner unbeirrter Negation. Beide bilden das Selbst. Und sein Preis ist hoch. Denn es ist ein Selbst, das nur Statthalter seiner selbst sein kann – unendlich sich aufschiebende Negativität.

---

1 vgl. S. Kierkegaard, a. a. O., S. 52; H. Blumenberg, Arbeit am Mythos, Frankfurt a. M. 1979, S. 179; J. Habermas, Kommunikatives Handeln II, S. 491

Freud und der wahre Glaube

Es gibt eine Form der Entstellung, die gerade dadurch ihre Spuren verwischt, daß sie die triviale Praxis der Zensur umkehrt: statt in einem Textkontinuum an brisanten Stellen Lücken zu reißen, schafft sie dort Zusammenhang, wo eigentlich »eine Lücke klafft«. Doch die verleugnete Lücke bleibt nicht nur dem detektivischen Auge erkennbar, das sich vom Traditionskontinuum nicht blenden läßt – Geschichte selbst läßt sie nach einer Inkubationszeit wieder aufklaffen. Im »Zerfall« werden die Spuren der »Verlötung« sichtbar, die jenes Kontinuum fabriziert hat. Historisch restituiert wird also nicht ein verlorenes Ganzes, sondern eine verleugnete Urdifferenz. »Die Geschichte liebt solche Wiederherstellungen, in denen spätere Verschmelzungen rückgängig gemacht werden und frühere Trennungen wieder hervortreten.« Deshalb ist Freuds Rekonstruktion der Urgeschichte von einem hohen Bewußtsein der Diskontinuität geleitet. Es gibt ihm die analytische Lizenz, mit der Heiligen Schrift zu verfahren wie mit dem Traum, den er umgekehrt nicht als Schaum, sondern als »heiligen Text« behandelt. Auch die Bibel ist nur entstelltes, schwer beschädigtes Material, das Freuds Dekonstruktion zitiert, wo es sie bestätigt, und verwirft, wo es ihr widerspricht, um schließlich »die einzelnen Stücke nach der psychologischen Wahrscheinlichkeit zusammenzusetzen«. Freud sieht sehr deutlich, daß er damit die Tatsachen, die er der Religionsgeschichte entnimmt, eigentlich »in sie eingetragen« hat. So bahnt er selbst die Spur, der er folgt.

Eine Dekonstruktion der Religionsgeschichte als Rekonstruktion der Urgeschichte liest jeden Text als Palimpsest und sucht im Vexierbild sekundärer Entstellungen ein »getreues Abbild der sinnvollen Vergangenheit«. Methodologisch vorbildlich ist die Traumdeutung, die verdrängte bedeutsame Ereignisse der infantilen Urzeit rekonstruiert. Denn dem Traum sind die Sagen, Religionen und Traditionen darin verwandt, daß sie trotz aller Entstellungen doch die Realität der Vergangenheit repräsentieren. Und das ist der Grund ihrer mächtigen Wirkungen. Denn es gibt eine ganz banale Hermeneutik des Unbewußten, die diesseits analytischer Dekonstruktion allen Menschen gemeinsam ist. »Die Psychoanalyse hat uns nämlich gelehrt, daß jeder Mensch in seiner unbewußten Geistestätigkeit einen Apparat besitzt, der ihm gestattet, die Reaktionen anderer Menschen zu deuten, das heißt die Entstellungen wieder rückgängig zu machen, welche der andere an dem Ausdruck seiner Gefühlsregungen vorgenommen hat.«

Alle Entstellungen inszenieren eine historische Szene auf einem *anderen Schauplatz*. Das Theater, von dem diese Metapher geborgt ist, lebt ebenso wie Traum und Religion von der »entstellten Wiederkehr realer Beziehungen«. Dem Theater verdankt die Psychoanalyse Ödipus, der Religion den Mann Moses und dem Traum den Königsweg zum Unbewußten. Daß Freud den Traum »wie einen heiligen Text« behandelt, heißt nicht nur, daß er den Nonsens ernst nimmt, sondern auch, daß die Psychoanalyse von Texten nicht um die Psychologie des Autors zentriert ist. Wie der Glaube an jedem Jota der Heiligen Schrift hängt, so begegnen die Dekonstruktion der Religionsgeschichte wie die Traumdeutung »jeder Nuance des sprachlichen Ausdrucks« mit einer unendlichen Bedeutsamkeitsvermutung; man nennt sie auch gleichschwebende Aufmerksamkeit. Sie entspricht der analytischen Erfahrung, daß in Traum, Zwangsneurose und Religion der eigentliche Wortlaut einer Triebregung nicht zum Bewußtsein durchdringt, sondern sich in einem entstellten Ersatz manifestiert, und der zugehörige Affekt an anderer Stelle zum Vorschein kommt. Durch die feindliche Linie des Bewußtseins kann der eigentliche Text nur chiffriert dringen: »wie in einer verunstalteten Depesche«. Gerade die Verstümmelung macht ihn lebensfähig. Und die Spuren des Abwehrkampfes, die der

Text in seiner Entstellung gegen den ursprünglichen Wortlaut an sich trägt, machen ihn als Palimpsest lesbar.

Nur die Verschlüsselung hält einen Text am Leben, der das Unnennbare überliefert. Bestand hat er »nur in der Vermummung«. Wo er sich dem Verstehen nähert, wird er zerstört. Die Technik dieser unbewußten Verschlüsselung hat Freud durch die Primärvorgänge Verdichtung und Verschiebung bestimmt. Im Text operieren diese Werkmeister der Entstellung wie Metonymie und Metapher. Die hierdurch erzeugte »Textverschiedenheit« gewinnt nun in Freuds Dekonstruktion des Monotheismus einen historischen Index: Textverschiedenheit wird als Textschicksal deutbar. Und umgekehrt kann er dann die Abwehrmechanismen des Ich mit Textschicksalen vergleichen, die durch Zensur und entstellende Tendenzen bestimmt waren: Ichveränderung als Textentstellung.

Um für eine Dekonstruktion der Religionsgeschichte fruchtbar zu werden, bedarf der Begriff des Textschicksals einer inneren Differenzierung nach Maßgabe der unterschiedlichen Zensurmaßnahmen. Man kann anstößige Texte vernichten, konfiszieren, unleserlich machen oder lückenhaft überliefern. Von größtem Interesse ist aber die Form der Zensur, die versucht, in der Textentstellung jeden Hinweis auf die Verstümmelung zu vermeiden. »Es ist bei der Entstellung eines Textes ähnlich wie bei einem Mord. Die Schwierigkeit liegt nicht in der Ausführung, sondern in der Beseitigung ihrer Spuren. Man möchte dem Wort ›Entstellung‹ den Doppelsinn verleihen, auf den es Anspruch hat, obwohl es heute keinen Gebrauch davon macht. Es sollte nicht nur bedeuten: in seiner Erscheinung verändern, sondern auch: an eine andere Stelle bringen, anderswohin verschieben. Somit dürfen wir in vielen Fällen von Textentstellung darauf rechnen, das Unterdrückte und Verleugnete doch irgendwo versteckt zu finden, wenn auch abgeändert und aus dem Zusammenhang gerissen. Es wird nur nicht immer leicht sein, es zu erkennen.«

So sucht Freud in der biblischen Tradition verwischte Spuren früherer Religionen. Gerade die monotheistische Idee muß ja in ihrem Ausschließlichkeitsanspruch auf eine Verwerfung der alten Götter drängen. Geschichtliches Urphänomen der monotheistischen Spurenverwischung ist die Tilgung der alten Gottesnamen aus den alten Inschriften und Denkmälern Ägyptens – ein Furor, in dem der König Amenhotep auch vor dem eigenen Namen nicht haltmachte und sich Ikhnaton nannte.

Jener Vergleich der Textentstellung mit einem Mord ist die Schlüsselstelle der Freudschen Argumentation, denn er ermöglicht eine elegante Engführung der religionsgeschichtlichen Dekonstruktion am Problem des Urvatermordes. Vorausgesetzt wird, daß es schiefgeht: Mord ist keine simple Kunst, und der entstellte Text zeigt immer Narben der Verstümmelung. Der Urvatermord – das zeigen seine Wiederholungen in der Geschichte von Ödipus, Moses und Jesus – »mußte unvertilgbare Spuren in der Geschichte der Menschheit hinterlassen und sich in desto zahlreicheren Ersatzbildungen zum Ausdruck bringen, je weniger er selbst erinnert werden sollte«.

Was nicht erinnert werden soll, wird im Realen aber wiederholt und vertieft so die Spur, die verwischt werden sollte. Das unnennbare Verbrechen mobilisiert zwar große Widerstände gegen seine Rückkehr in die Erinnerung, doch sie werden in der Religionsgeschichte gleichsam durchgearbeitet. Aber erst die Psychoanalyse vollendet den Prozeß der Wiederkehr des Verdrängten. Denn zwar ist auch für die Massen und ihre Religion die Realität der Vergangenheit in unbewußten Erinnerungsspuren erhalten, und zwar »in aller Frische«. Aber sie bleiben doch »durch ›Gegenbesetzung‹ isoliert«. Der eigentliche Text ist der Erinnerung eingeschrieben, ohne aber dem Bewußtsein zugänglich zu sein. Eine »Verdrängungsnarbe« blockiert den Zugang und zwingt den Trieb, sich einen anderen Weg zu bahnen; er führt zum Symptom, einem Ersatztext, der in der Bewegung der Wiederkehr entstellt wurde.

Freuds Lektüre ist zugleich Einschreibung: Sie bahnt die Spur, der sie folgt und trägt die Tatsachen, die sie der Geschichte entnimmt, zugleich in sie ein. Das ist mitzubedenken, wenn Freud von einer Re-Konstruktion der Urgeschichte spricht. Dabei liefert die Neurosenlehre die Matrix für diese Archäologie des Menschlichen. »Die Feststellung des ursprünglichen Zustandes bleibt also jedesmal eine Sache der Konstruktion.« Die analytische Konstruktion wird nämlich immer dann als wahrscheinliche historische Wahrheit gesetzt, wenn die Erinnerung des Verdrängten nicht gelingt. Es ist nun entscheidend zu sehen, daß für Freud die Überzeugung von der Wahrheit der Konstruktion das therapeutische Äquivalent jener unmöglichen Erinnerung darstellt.

Diese Äquivalenzthese ermöglicht zwei streng zu unterscheidende Bestimmungen des Verhältnisses von ›historischer Wahrheit‹ und ›Wahrheit der Konstruktion‹. 1927 in der ›Zukunft einer Illusion‹, aber auch in der ›Neuen Folge‹ seiner Vorlesungen von 1932 stellt Freud der historischen Wahrheit eine »rationalistische Konstruktion« der Kultur unversöhnlich gegenüber: Wie es in Wirklichkeit war, widerspricht jeder »rein rationellen Begründung der Kulturvorschriften«. Während man im Namen des Fortschritts der Vernunft so tut, als ob die kulturelle Matrix rein menschlichen Ursprungs sei und sozialer Notwendigkeit gehorche, führt uns die Geschichte auf die religiöse Spur zu Gott-Vater. Doch Freud bestreitet zunächst, daß die Religion, die um diese Unwirklichkeit weiß, es damit besser weiß als die konstruierende Ratio. Entschlossen stellt er sich auf die Seite der »rationellen Darstellung«, die die historische Wahrheit verleugnet, gegen die »religiöse Darstellung«, die die historische Wahrheit verkleidet. Denn der »Verzicht auf die historische Wahrheit« der Religion sei ein angemessener Preis für eine »rationelle Motivierung der Kulturvorschriften«. Eine Kultur, die über dem Ab-Grund des Urvatermordes errichtet wurde, bedarf einer »anderen Begründung«. Denn eine Genealogie der Moral gefährdet die Befolgung ihrer Forderungen.

Um einer Versöhnung mit der Kultur willen den Wahrheitsgehalt der Religion einklammern – an dieser Forderung scheint Freud in seinen letzten Lebensjahren irre geworden zu sein. Zunehmend interessiert er sich nun für eine Wahrheit, die sich nur in symbolischer Verhüllung und wahnhafter Verkleidung zeigt – genauer: für die Struktur der historischen Vermittlung von Wahrheit und Wahn. Aufgabe der analytischen Rekonstruktion ist es nun, »das Stück historischer Wahrheit von seinen Entstellungen und Anlehnungen an die reale Gegenwart zu befreien und es zurechtzurücken an die Stelle der Vergangenheit, der es zugehört. Die Verrückung aus der vergessenen Vorzeit in die Gegenwart oder in die Erwartung der Zukunft ist ja ein regelmäßiges Vorkommnis auch beim Neurotiker.«

So gewinnt Freuds Stellung zur Religion eine prägnante dialektische Struktur: Es besteht nicht nur eine therapeutische Äquivalenz zwischen der Überzeugung von der Wahrheit der Konstruktion und der Erinnerung des Verdrängten, sondern auch eine analytische Äquivalenz zwischen Konstruktion und Wahn. Denn indem er an die Stelle der verleugneten Realität des Heute das prähistorisch Verdrängte setzt, holt der Wahn den historischen Wahrheitsgehalt »aus der Verdrängung vergessener Urzeiten herauf«.

Die Redewendung, es sei etwas Wahres daran, indiziert genau, inwiefern der Paranoiker und die Religion schärfer sehen als der Normale und die Ratio. Der Wahn ist also die Textentstellung, die die historische Wahrheit in der Bewegung der Wiederkehr prägt. Und in der Entstellung greift die Überzeugungskraft vom verborgenen Wahrheitskern auf die religiöse Wahnhülle über und schützt sie vor logischem Einspruch. Der Wahn ist also der Diffusionseffekt des Wahren in der Verdrängung. So resultiert eine prägnante ökonomische Bestimmung der Religion: Der »Entstellungsersatz des verdrängten Wahren«, der durch dessen Überzeugungskraft gegen rationale Kritik imprägniert ist, erhebt selbst »einen unwiderstehlichen Anspruch auf Wahrheit«.

Diesen Anspruch – den Rationalisten eine Torheit – begründet Freud im Begriff historischer Wahrheit. Er opponiert ihm einem ganz szientistisch gedachten Begriff ›materieller‹ Wahrheit, den er als Übereinstimmung mit der realen, von uns unabhängigen Außenwelt definiert. Im Blick materieller Wahrheit ist die Religion unwahr, denn es gibt »heute« keinen Gott. Im Sinne historischer Wahrheit aber ist sie wahr, denn es gab »in Urzeiten« den Vater, der »übergroß erscheinen mußte« und deshalb als Gott wiedererinnert wurde. Die Wahrheit der Religion hängt an der Gleichung Gott = Vater.

Der Differenzierung im Begriff der Wahrheit muß etwas auf der Objektseite entsprechen. So unterscheidet Freud faktische, psychische und historische Realität. Die faktische Realität zeigt sich in »unserer nüchternen Welt, die voll ist von materiellen Werten« und das bloß Gedachte geringschätzt. Ihr steht die von der Allmacht des Gedankens beherrschte »nur innerlich reiche Welt« des Neurotikers gegenüber, in der die psychische Realität die faktische übergreift. Von historischer Realität aber spricht Freud, wo er jene »böse Zeit« rekonstruiert, da faktische und psychische Realität noch zusammenfielen und die aggressiven Impulse noch in Handlungen umgesetzt wurden – also die Kindheit des einzelnen und die Urzeit der Menschen. Historische Realität heißt die entstellte Gegenwart der Prähistorie.

Zwangshandlungen wiederholen das Verbotene. Und gerade das Vergessen des historischen Ursprungs eines Tabus zwingt zur Wiederholung des Verbotenen im Realen; diese reale Wiederholung nun erweckt die Erinnerungsspur. So kehrt Urgeschichte wieder. Ihre zwanghafte Unwiderstehlichkeit verdankt sie dem im Symptom zugleich entstellten und aktualisierten historischen Ursprungsphänomenen. Das ist das Schema, in das Freud die Religionsgeschichte des Judentums einträgt. Sein Begründer ist Moses, sein Zerstörer Paulus. Es ist die Geschichte eines fremden Mannes und seines neuen Volkes. Der Mann Moses ist nicht der größte Sohn der Juden, sondern ihr Vater; er hat sie erschaffen, ›auserwählt‹. Und es ist die Geschichte eines zelotischen Juden, der den Glauben seines Volkes zu-Grunde-richtet, indem er zum Grund des Schuldbewußtseins vordringt. Sein entstelltes Bekenntnis zum Gottesmord verschafft dem neuen Glauben »den Zugang zur Stelle«, wo »die Fortsetzung der Urgeschichte anknüpfen« muß. Hier scheiden sich die Wege des Juden aus Tarsus und seines verstockten Volkes, das die mörderische Aktion verleugnet, seine Gottesfeindschaft unterdrückt und sich so den Zugang zur Urgeschichte versperrt. Seit es aber das entstellte Bekenntnis gibt – es heißt Evangelium – leugnet das Volk des Moses den Vatermord nicht mehr ungestraft. Das ist die historische Wahrheit des Antisemitismus. Und es mußte ein ganz gottloser Jude kommen, um dieses Ursprungsphänomen der Psychoanalyse freizulegen. Seine Gottlosigkeit emanzipiert ihn von der jüdischen Fixierung an die Anerkennung des großen Vaters. Sein Judentum macht ihn zum kongenialen Interpreten des ›echt jüdischen Charakters‹ Paulus, dessen Fortsetzung der Urgeschichte er zuende treiben kann, weil er sich die ›Lüge von der Erlösung‹ erspart. Daß der späte Freud sich Paulus zum Helden wählt, markiert den Endpunkt einer Durcharbeitung der Religionsgeschichte, in deren Verlauf ein Aufklärer am Dogma der Vernunft irre wird.

Daß sie eine universelle Zwangsneurose sei, die den Gläubigen eine individuelle Neurose erspare, ist die letzte Reduktion der Religion im Namen der Aufklärung. Mit der klassischen Entzauberungsgeste – X ist nichts als Y – hat Freud die religiösen Phänomene als neurotische Symptome gedeutet. Im wahren Glauben kehrt die Urgeschichte der Familie wieder. Bekanntlich ist es eine Geschichte von Allmacht und Haß, Mord und Reue. In einer Studie von 1907, deren Titel »Zwangshandlungen und Religionsübungen« schon jene aufklärerische Reduktion markiert, gibt Freud erstmals das entscheidende Stichwort: unbewußtes Schuldbewußtsein. Diese paradoxe Konstruktion eines Schuldbewußtseins, von dem man nichts weiß, begründet die zeremoniellen Zwänge des Glaubens. Auch das notorische Unbehagen in der Kultur ist die entstellte Erscheinung des Schuld(un)bewußtseins. Der Glaube nennt es Sünde und hofft, davon erlöst zu werden. »Die Religionen wenigstens haben die Rolle des Schuldgefühls in der Kultur nie verkannt.« Denn am Ursprung der Kultur steht eine Untat, eine Befehlsverweigerung, ein Widerspruch. Man setzt sich einmal über das Non-du-Père hinweg, um dann die ganze Kulturentwicklung dem Nom-du-Père zu unterstellen. Der symbolische Vater wird nun mächtiger als es der reale, den man abschaffte, je war. Denn die Menschen, vom Tyrannen befreit, fallen unter die Herrschaft des unbewußten Schuldbewußtseins und versuchen verzweifelt, es zu beschwichtigen. Diese Anstrengung heißt Religion. Sie will den Vater durch »nachträglichen Gehorsam« versöhnen.

Nachträglichkeit ist eine Entstellung in der Zeit. Sie verschuldet, daß der Gehorsam nicht mehr in der Szene verstanden wird, in der er Sinn hat: in der urzeitlichen Familie, beherrscht von jenem unvergeßlichen Anderen, den kein späterer mehr erreicht. Im nachträglichen Gehorsam verbirgt sich das Urdrama von Sohnestrotz und Vatersehnsucht: eine Ambivalenz, die in der Spaltung des religiösen Vaterbildes in Teufel und Gott ihren drastischen Ausdruck gefunden hat. Nichts in der Religion führt uns jenseits des Infantilen – schon gar nicht die Jenseits-Verheißung, die die kulturkonstitutive Substitution des Lustprinzips durchs Realitätsprinzip auf die Leinwand des Mythos projiziert.

Gott ist »ein Nachbild des Vaters, wie man ihn in der Kindheit sah und erlebte, der Einzelne in seiner eigenen Kindheit und das Menschengeschlecht in seiner Vorzeit als Vater der primitiven Urhorde. Später sah der Einzelne seinen Vater anders und geringer, aber das kindliche Vorstellungsbild blieb erhalten und verschmolz mit der überlieferten Erinnerungsspur des Urvaters zur Gottesvorstellung des Einzelnen.« Die Vatersehnsucht stabilisiert sich im Ichideal, dem alle Religionen entspringen. Sie bieten ein Schema der Bewältigung von Ohnmacht nach dem Modell des gehorsamen Kindes. So ist die Geburt der Religion aus infantiler Hilflosigkeit schuld daran, daß der Gläubige der Welt als Kind gegenübertritt. Religion weiß also nichts von der Welt, wohl aber vom Vater.

So konkretisiert sich auch die Gestalt von Freuds Vater in einer religiösen Szene, die Freuds Selbstanalyse in der »Traumdeutung« überliefert. Sie liegt im Gravitationsfeld der lange unerfüllten Sehnsucht, in die ewige Stadt Rom zu kommen. Wie Moses sieht Freud das gelobte Land nicht einmal von ferne; doch nicht Moses ist die historische Gestalt, die er sich zum Helden wählt. Freud wandelt »auf den Spuren Hannibals«. Der jüdische Gymnasiast im antisemitischen Wien wählt sich den semitischen Feldherrn zum Helden: Hannibal, die Inkarnation jüdischer Zähigkeit, gegen Rom, die Organisation der katholischen Kirche. Dieses Szenario dient Freud zur Bewältigung der antisemitischen Urszene: Freuds Vater geht spazieren. »Da kommt ein Christ daher, haut mir mit einem Schlag die Mütze in den Kot und ruft dabei: Jud, herunter von Trottoir! ›Und was hast du getan?‹ Ich bin auf den Fahrweg gegangen und habe die Mütze aufgehoben, war die gelassene Antwort. Das schien mir nicht heldenhaft von dem großen starken Mann, der mich Kleinen an der Hand führte.«

Diesen Mann, der doch ein großer Mann sein soll, kann sich Freud nicht zum Helden wählen. So spaltet er seine Imago, indem er die Szene von der Mütze im Kot durch die historische substituiert, in der sein semitischer Heros Rache schwört. Freud auf den Spuren Hannibals – in diese Szene ist die Geburt der Psychoanalyse aus der Krisis der Vaterimago eingeschrieben. Sie expliziert die Erfahrung des erniedrigten, gespaltenen Vaters. Denn die Spaltung ermöglicht es, den Vater anzugreifen, ohne den symbolischen Vater anzutasten.

Bekanntlich ist Freud dann doch gelungen, woran Hannibal scheiterte: nach Rom zu kommen. Und er hat sich einen neuen Helden gewählt: Saulus, den Juden aus Tarsus, der sich als Römer Paulus nannte.

Kafka und die Aufgabe der Interpretation

Die berühmtesten Werke der Weltliteratur bedeckt eine gewaltige Schicht von Interpretationen, und es scheint fast unmöglich, den Texten selbst noch mit unbefangenem Blick begegnen zu können. Das gilt gerade auch für Kafka. Ihm ist in besonderem Maße widerfahren, was seine Erzählungen immer wieder thematisieren: daß nämlich die eigentliche Schrift bis zur Unlesbarkeit mit Kommentaren überlagert wurde. Das heißt aber umgekehrt auch: Gerade Kafkas ursprüngliche Erfahrung läßt es gerechtfertigt erscheinen, sein Werk in engster Verschränkung mit bedeutsamen Interpretationen zu vergegenwärtigen.

So werde ich im folgenden versuchen, die entscheidenden Bestimmungen der Aufgabe der Interpretation an den Kafka-Deutungen von Gershom Scholem, Walter Benjamin und Theodor Adorno herauszuarbeiten. Ihr innerer Zusammenhang kann gar nicht intensiv genug gedacht werden: Daß sich Adornos Denken aus Benjaminschen Urzellen nährt und Benjamin seine Kafka-Interpretation Aug' in Aug' mit Scholems Erforschung der jüdischen Mystik entwickelt, ist bekannt. Nun hat Harold Bloom neuerdings auf die starke Abhängigkeit Scholems von Kafka hingewiesen: Scholems Erforschung der Geschichte der jüdischen Mystik sei nur die Maske eines jüdischen Gnostikers, der in der Spur einer ganz neuen Kabbala denke – nämlich der Kafkas. Und in der Tat begreift Scholem Kafka als Stifter einer neuen, säkularisierten und häretischen Kabbala. Formelhaft gesagt: An ihrem Nullpunkt, da der Schlüssel der Offenbarung verloren ist, gebraucht Kafka die jüdische Mystik als Kompaß in der modernen Welt. Es ist nur die Rückseite desselben

Sachverhalts, wenn Scholem die Lektüre von Kafkas *»Prozeß«* zur Voraussetzung jedes Verständnisses der Kabbala erhebt. Zweifellos bestimmt seine Kabbala-Forschung die Sprache des esoterischen Judentums heute. Und vieles spricht für Blooms These, daß diese Scholemsche Kabbala für heutige Intellektuelle wichtiger ist als die jüdische Gesetzeswelt. Wenn wir nun das, was wir von der Kabbala wissen, im wesentlichen Scholem verdanken, dieser aber die Kabbala in Kafkascher Perspektive darstellt, so ist unser Bild des nicht normativen Judentums in einem präzisen Sinne kafkaesk. Es wäre naiv, aus diesem hermeneutischen Zirkel heraustreten zu wollen. Die folgenden Bestimmungen der Aufgabe der Interpretation versuchen vielmehr, tiefer in ihn einzudringen.

Hans Blumenberg hat dem ersten Kapitel seiner *»Arbeit am Mythos«* ein Wort Kafkas als Motto vorangestellt. Von den alten Griechen heißt es da: »Sie konnten das entscheidend Göttliche gar nicht weit genug von sich entfernt denken, die ganze Götterwelt war nur ein Mittel, das Entscheidende sich vom irdischen Leib zu halten, Luft zum menschlichen Atmen zu haben«[1]. Der wohltätige Pluralismus des Pantheon schützt vor den kerygmatischen Zumutungen des Einen Gottes und seiner Rechtsnachfolger – das wird für Blumenberg dann zum unüberbietbaren Modell dafür, wie allen Absolutismen durch die Umständlichkeit und Distanzierungsleistung des Mythos ein Spielraum des Menschlichen abgetrotzt werden kann.

Doch geht es Kafka tatsächlich darum, sich das entscheidend Göttliche vom Leib zu halten? Ist er wirklich ein Kronzeuge polytheistischer Gewaltenteilung? Dagegen spricht sein Begriff des »Unzerstörbaren«, den er unmittelbar mit dem des Entscheidenden verknüpft – und zwar so, daß die Lehre vom Sündenfall gegenstandslos wird: »Wenn das, was im Paradies zerstört worden sein soll, zerstörbar war, dann war es nicht entscheidend; war es aber unzerstörbar, dann leben wir in einem falschen Glauben«[2]. Entsprechend sind Glauben und Sein für Kafka genau in so weit dasselbe, als sie die Befreiung des Unzerstörbaren meinen.

1 F. Kafka, Briefe, S. 279
2 F. Kafka, Hochzeitsvorbereitungen, S. 97

Ich kann diesen Begriff hier nicht weiter aufklären, sondern will nur deutlich machen, welchen polemischen Index er hat: So wie die Griechen ihre heidnische Götterwelt als Schutzschild gegen das Entscheidende aufgerichtet haben, so »ist der Glaube an einen persönlichen Gott« das monotheistische Inkognito des Unzerstörbaren, eine »Ausdrucksmöglichkeit« seines »Verborgenbleibens«[1]. Nicht daß Gott verborgen, sondern daß der Glaube an ihn selbst nur Ausdruck einer Verborgenheit ist, macht Kafka immer wieder als religiöse Erfahrung geltend.

Vor dem Hintergrund solcher Theologumena muß es zunächst überraschen, daß eine neuere Interpretation Kafka als den jüdischen Schriftsteller schlechthin präsentiert. In dem schon erwähnten, 1987 erschienenen, schmalen Band *»The Strong Light of the Canonical«* deutet Harold Bloom Kafka als beispielhaften Revisionisten der jüdischen Kultur, weil er nichts glaube und ganz aus der Bundestreue zur Aufgabe als Schriftsteller existiere. Zum paradigmatischen jüdischen Schriftsteller wird Kafka demnach gerade durch seine Abweichung vom normativen Judentum. Von seinem Werk geht »der starke Glanz des Kanonischen« aus – die Formel übernimmt Bloom von Gershom Scholem –, aber es ist nicht das Licht des jüdischen Kanons selbst. Schon Walter Benjamin hat dieses eigentümliche Verhältnis in die Freundschaft zwischen Kafka und Max Brod hineingedeutet: »Er hat vielleicht zu Brod und dessen tiefen jüdischen Philosophemen so gestanden wie Sancho Pansa zu Don Quichote und dessen tiefsinniger Chimäre vom Rittertum.«[2]

Nur vor diesem Hintergrund ist zu verstehen, warum sich deutsche Juden immer wieder – pro und kontra Kafka – in der Interpretation dieses Werks der eigenen Identität zu versichern suchen. Daß der Schlüssel zu Kafka in der Verschränkung des Deutschen und Jüdischen liege, gilt Benjamin und, ihm folgend, Adorno für ausgemacht. Und es ist eben diese Verschränkung, die Benjamin (in einem Brief an Scholem vom 15. 9. 1934) vermuten läßt, Kafkas Werk werde »sich als Kreuzweg der Wege meines Denkens herausstellen«. Auch hier erscheint Kafka wieder als der paradigmatische

---

1 a. a. O., S. 90f.
2 W. Benjamin, Über Kafka, S. 147

jüdische Schriftsteller, dessen Werk die Motive bereitstellt, an denen sich die theoretische Armatur der deutsch-jüdischen Intellektualität bildet. Kafka interpretieren heißt für Benjamin, die entscheidenden »strategischen Punkte heutigen Denkens [...] zu befestigen«[1].

Diese Punkte liegen aber nicht auf dem Hochplateau intellektueller Abstraktion und schöner Kunst, sondern am Grund des Volkstums; nur dort hat jene Verschränkung von Jüdischem und Deutschem statt. Kafka sagt ausdrücklich: »Die Literatur ist weniger eine Angelegenheit der Literaturgeschichte als des Volkes«[2]. Deleuze und Guattari sehen in dieser Apologie der »kleinen Literatur« ja den archimedischen Punkt der Kafka-Interpretation. Für unseren Zusammenhang ist hier nur wichtig, daß sich diese kleine Literatur des Volkes polemisch gegen eine sterile Hochkultur der Sprache Goethes stellt. Paradigmatischer jüdischer Schriftsteller ist Kafka also in polemischer Antithese zum Dichterischen. Das dürfte eines der wesentlichen Motive dafür sein, daß er sein Schreiben »Kritzeln« genannt hat. Harold Bloom charakterisiert es sehr prägnant als labyrinthisch und höhlenbauend.

Die polemische Antithese des jüdischen Schriftstellers gegen das Dichterische bestimmt die parabolische Form seines Werks. Zwar bildet Kafkas Roman als »entfaltete Parabel« eine Form, die »der Dichtung ähnlich« ist, weil sie die Bedeutung verweigert; aber sie hat doch »mit der rein dichterischen Prosa« gebrochen[3]. Seine zum Labyrinth des Bedeutens entfalteten Parabeln sind keine Gleichnisse, aber auch nicht ästhetisch autonome Formen. Zunächst ist die Parabel ja eine Form, in der sich das Erzählen vor dem Forum der Vernunft verantwortet. Insofern ist sie für Kafka ein Schema für die Transformation von Dichtung in Lehre. Formelhaft ließe sich sagen: In Kafkas Form wird die dichterische Prosa durchs jüdische Bilderverbot gebrochen – und genau dadurch rechtfertigt sie sich »im Angesicht der Vernunft«[4]. Diese strenge Verknüpfung von Bilderverbot und Vernunft gilt von Cohens *»Religion der Vernunft aus dem Quellen des Judentums«* bis zu Adornos *»Negativer Dialektik«*.

1 a. a. O., S. 99
2 F. Kafka, Tagebücher, S. 208
3 W. Benjamin, a. a. O., S. 20, 41
4 a. a. O., S. 28

Benjamin hat Kafkas Versuch, durchs Schema der Parabel die dichterische Prosa wieder in den Stand der »Unscheinbarkeit« zurückzuversetzen, als gescheitert erklärt. Damit bricht eine Formreflexion ab, die Adorno dann in seinen *»Aufzeichnungen zu Kafka«* wieder aufnimmt. Was Benjamin als Scheitern deutete, begreift Adorno als Abbrechen, d. h. als Ausdruck durch Verweigerung von Ausdruck – und gerade darin vollende sich die Verantwortung des Schriftstellers vor der Vernunft. Denn das »Scheitern« Kafkas, seine Verweigerung des Ausdrucks, gilt Adorno als getreuer Ausdruck des Scheiterns der Aufklärung. In Kafkas Labyrinth des Bedeutens geht, angesichts des Rückschlags von Aufklärung in Mythologie, jüdische Mystik selbst in Aufklärung über. Diesen Doppelsinn hat Adornos Satz: »Die Verdunkelung, das Abbrechen der parabolischen Intention sind Konsequenzen der Aufklärung.«[1]

Ich will die bekannten Formeln der Dialektik der Aufklärung, die sich hier anschließen, nicht weiter verfolgen, sondern nur das Problem der Form herauspräparieren: Kafkas Transformation von Dichtung in Lehre produziert in Bedeutungslabyrinthe entfaltete Parabeln, abgebrochene Ausdrücke und Leerformen, die nur noch anzeigen, daß man sie einmal ihres Beweischarakters wegen zitiert und zu Erläuterungen gebraucht hat. Zur Analyse dieser Formcharaktere führt Benjamin nun ein bedeutsames Interpretament ein: »Man hat hier an die Form der Haggadah zu erinnern: so heißen bei den Juden Geschichten und Anekdoten des rabbinischen Schrifttums, die der Erklärung und Bestätigung der Lehre – der Halacha – dienen. Wie die haggadischen Teile des Talmud so sind auch diese Bücher Erzählungen, eine Haggadah, die immerfort innehält, in den ausführlichsten Beschreibungen sich verweilt, immer in der Hoffnung und Angst zugleich, die halachische Order und Formel, die Lehre könnte ihr unterwegs zustoßen.«[2]

Um dieses Interpretament plausibel zu machen, muß ich hier eine knappe Charakteristik des jüdischen Traditionsbegriffs einschalten. Halacha ist die normative Aussage, die die strenge jüdische Gesetzeswelt kodifiziert; Aggada heißt eigentlich auch Aussage, meint

1 Th. W. Adorno, Prismen, S. 278
2 W. Benjamin, a. a. O., S. 41f.

aber das, was sich jenseits der Wörtlichkeit der Deutung öffnet. Gershom Scholem hat das Judentum als eine Ellipse konstruiert, deren Brennpunkte von Offenbarung und Tradition gebildet werden. Offenbarung manifestiert sich im Pentateuch als schriftliche Tora. Diese Lehre ist aber in ihrer Reinheit unanwendbar. Wie sich Offenbarung in der Geschichte vollzieht, also die Frage nach der Anwendbarkeit, ist Gegenstand einer permanenten Interpretation, die »mündliche Tora« heißt. Tradition bildet sich demnach aus der Aufgabe der Interpretation, das Gesetz der Offenbarung auf Geschichte konkret anwendbar zu machen. »Tradition im Sinne mündlicher Tora ist etwas, in dem alles behandelt wird, was das Leben des Juden im Lichte der Offenbarung betrifft, ob es sich dabei nun um normative, halachische Verhältnisse handelte oder solche, die dem Umkreis der Aggada, der freien Entwicklung der Lebensverhältnisse und ihrer Begründung in den Urkunden der Offenbarung angehörten.«[1]

Die Aufgabe der Interpretation der Offenbarung um ihrer historisch konkreten Anwendung willen definiert die Gestalt des Schriftgelehrten. Dabei darf Offenbarung aber nicht einfach als Gegenstand der Interpretation verstanden werden; vielmehr umfaßt sie selbst den Kommentar, der die Tradition ihres Sinns stiftet. Die deutende Anwendung des Gesetzes auf die Geschichte muß also zugleich als Entfaltung von innen gedacht werden. Gerade die Unvollziehbarkeit des reinen, absoluten Gotteswortes erzwingt »seine unendliche Spiegelung in den Möglichkeiten des Vollzugs. Erst in den Spiegelungen, in denen es sich reflektiert, wird es anwendbar«[2] – das ist die Aufgabe des Schriftgelehrten. In seiner Praxis der Interpretation bildet sich der zweite Brennpunkt des Judentums: die Tradition. Sie steht aber von Anfang an in einer Antinomie. Denn wie soll die Wahrheit überlieferbar sein, wenn doch die Offenbarung nicht vollzogen, u.d.h. die wahre Sprache nicht gesprochen werden kann? Das Okkulte der Kabbala ist eine Reaktionsbildung darauf, daß die überlieferte Wahrheit nicht mehr die Wahrheit ist. Tradierbar wird die Offenbarung genau dort, wo sie anwendbar wird – eben dort

1 G. Scholem, Judaica 4, S. 199
2 a. a. O., S. 214f.

aber ist sie nicht mehr Wahrheit. Im ersten seiner »*Zehn unhistorischen Sätze über Kabbala*« schreibt Scholem deshalb: »Echte Tradition bleibt verborgen; erst die verfallende Tradition verfällt auf einen Gegenstand und wird im Verfall erst in ihrer Größe sichtbar.«[1]

Genau hier nun siedelt Benjamin das Werk Franz Kafkas an. Um es noch einmal formelhaft zu sagen: Die Wahrheit ist unvollziehbar; um sie zu konkretisieren, d.h. aufs historische Leben anwendbar zu machen, muß sie kommentiert werden. Diese Interpretationspraxis stiftet die Tradition; doch die Wahrheit ist nicht tradierbar. Das ist die Antinomie des Aggadischen. Benjamin löst diese von Scholem bewußt »unhistorisch« fixierte Antinomie in einer historischen Pathologie der Tradition auf. Indem er seine ältere Definition der Weisheit als epischer Gestalt der Wahrheit auf deren aggadische Gestalt überträgt, stellt er den Erzähler Kafka in den Horizont einer ironisch gebrochenen Kabbala. Ironisch gebrochen – denn Benjamin weiß, daß die aggadische Gestalt der Wahrheit genau so verloren ist wie ihre epische. Kafkas Werk markiert den Augenblick der Krisis: Die jüdische Tradition erkrankt, die aggadische Weisheit zerfällt und die Wahrheit der Offenbarung wird zum Fetisch fanatischer Sekten. Wenn Tradition aber keine Wahrheit mehr überliefert, ist nur noch ein Moment an ihr zu retten: die reine Tradierbarkeit. Benjamin hat das als Kafkas ursprüngliche Einsicht herausgearbeitet: »Er gab die Wahrheit preis, um an der Tradierbarkeit, an dem hagadischen Element festzuhalten.«[2] Vielleicht gibt es deshalb in Kafkas Welt keine Könige mehr, sondern nur noch »Kuriere, sie jagen durch die Welt und rufen [...] einander selbst die sinnlos gewordenen Meldungen zu.«[3]

Der Schriftsteller Kafka säkularisiert die Aufgabe des jüdischen Schriftgelehrten, dem die Schrift abhanden kam. Das Tradendum preiszugeben, um die Tradierbarkeit zu retten, stellt eine Paradoxie dar, in deren Zeichen Kafka nicht nur die Gestalten seines Werks entwickelt, sondern dieses selbst begreift. In der Geschichte vom Gruftwächter definiert er dessen Aufgabe als »wirkliche Bewachung unwirklicher [...] Dinge«<$FF. Kafka, Beschreibung, S. 303>. Das

1 G. Scholem, Judaica 3, S. 264
2 W. Benjamin, a. a. O., S. 87
3 F. Kafka, Hochzeitsvorbereitungen, S. 89f.

ist eine der prägnantesten Formeln für die paradoxe Struktur einer Aufgabe, die zugleich die schwerste und unscheinbarste ist; sie ist eigentlich nichts und doch, wie der Landvermesser einmal bemerkt, ›alles, was ich habe‹[1]. Es ist die unscheinbarste Aufgabe und eigentlich nichts, weil es nur darum geht, Luft zum atmen und einen Boden unter den Füßen zu haben. Und es ist die unausweichbar schwerste Aufgabe, weil es darum geht, einen solchen Boden des Lebens überhaupt erst zu schaffen. Denn es gibt, orthodox jüdisch, Leben ja nur als umgrenzt vom Gesetz. Der Verlust der Thora raubt also buchstäblich den Atem und entzieht den Boden unter den Füßen. Nur so ist Kafkas Wort vom »Mangel des Bodens, der Luft, des Gebotes« zu verstehen. So fällt auf die Aufgabe des jüdischen Schriftstellers, die Tradierbarkeit zu retten, tatsächlich ein »Abglanz« der »ursprünglichsten Aufgabe« – nämlich der des Moses, das jüdische Leben im Gesetz zu konstituieren.[2]

Aber eben nur ein Abglanz, denn der Verlust des Gesetzes verleiht der Aufgabe des jüdischen Schriftstellers ein negatives Vorzeichen. Und hier gewinnt Benjamins Charakterisierung Kafkas als eines Gescheiterten ihren guten Sinn. Denn durch das negative Vorzeichen vor der Aufgabe des Schriftstellers wird dessen Mißlingen dialektisch: Gerade die menschliche Schwäche erweist sich als die Kraft, das Negative der Zeit aufzunehmen. Das Negative zu vollbringen, kann für den Schwachen – im Gegensatz zur Hegelschen Arbeit des Negativen – eben nur heißen, es in sich aufzunehmen. Damit aber wird der Schriftsteller selbst zu der Aufgabe, der er sich stellt. Das macht sein Werk zum Rätsel. Sehr prägnant heißt es in einer Notiz: »Du bist die Aufgabe. Kein Schüler weit und breit«[3]. Kafka selbst ist die Aufgabe der Interpretation. Dem entspricht exakt, daß er sein Testament als unlösbare Aufgabe konstruiert. Gewiß hat Kafka eingeplant, daß sein letzter Wille, der bekanntlich die Vernichtung seiner Manuskripte anweist, nicht vollzogen sondern interpretiert werden würde.

Jacques Derrida hat in einer sehr forcierten Interpretation von Walter Benjamins Übersetzer-Aufsatz dem Titel »Die Aufgabe des

1 F. Kafka, Das Schloß, Apparatband, S. 116
2 F. Kafka, Hochzeitsvorbereitungen, S. 120f.
3 a. a. O., S. 83

Übersetzers« einen Doppelsinn unterlegt – gemeint sei nicht nur das, was dem Übersetzer aufgegeben sei, sondern auch, daß der Übersetzer aufgebe, d.h. vor seiner Aufgabe die Waffen strecke. Es ist hier nicht der Ort, dic Triftigkeit dieser Lesart zu diskutieren. Sie hilft aber durchaus, mein Thema »Franz Kafka und die Aufgabe der Interpretation« weiter zu konturieren. So heißt es in Adornos *»Aufzeichnungen zu Kafka«*: »Jeder Satz spricht: deute mich, und keiner will es dulden.«[1] Den Imperativ der Deutung dementiert Kafka immer wieder mit Entmutigungen des Verstehens. Daß der Hüter der Ordnung dem Orientierungslosen, der nach dem rechten Weg fragt, antwortet: »Gibs auf!«, ist eine großartige Abbreviatur dieses Sachverhalts. So stellen alle Erzählungen Kafkas die Aufgabe der Interpretation in ihrem Doppelsinn: Deute mich! und Gibs auf! Den Zusammenhang zwischen dem Imperativ der Deutung und der Entmutigung des Verstehens stellt die Interpretation als unendliche Aufgabe her: Interpretation ist immer möglich, doch jede bedarf wieder einer neuen. So heißt es von den Briefen der Behörde im *»Schloß«*: »Die Überlegungen, zu denen sie Anlaß geben, sind endlos.«

Wer die Interpretation aufgibt, unterwirft sich dem Rätsel. Und das ist selbst Gegenstand des Kafkaschen Erzählens. Wilhelm Emrich hat ja den rätselhaften Namen Odradek vom tschechischen Wort »udraditi« abgeleitet, das bedeutet: jemanden von einer Handlung abbringen – gibs auf! Nun spielt aber die Erzählung *»Die Sorge des Hausvaters«* selbst verschiedene Ableitungen des Namens gegeneinander aus, und es heißt dann: »Die Unsicherheit beider Deutungen [...] läßt wohl mit Recht darauf schließen, daß keine zutrifft«. Zu verstehen ist hier nicht mehr als die Unmöglichkeit der Interpretation, die Grenze des Verstehens. Doch gerade daß Kafka »alle erdenklichen Vorkehrungen gegen die Auslegung seiner Texte getroffen«[2] hat, definiert die eigentliche Aufgabe der Interpretation. Harold Bloom hat das sehr klar formuliert: »What most needs and demands interpretation in Kafkas writing is its perversely deliberate aviation of interpretation.«

1 Th. W. Adorno, a. a. O., S. 251
2 W. Benjamin, a. a. O., S. 22

Daß Kafka immer wieder Demarkationslinien des Verstehens zieht, macht zunächst einmal deutlich, daß der traditionelle Zusammenhang von Text und Lektüre, Gesetz und Auslegung zerfallen ist. Es gibt nur noch Aufgaben, denen die Schüler fehlen, Schüler, denen die Studientexte abhanden gekommen sind, und Gesetze, die offenbar gerade dadurch herrschen, daß niemand sie kennt. Die Parabel *»Zur Frage der Gesetze«* legt nahe, diese Unkenntnis als Funktion der Tradition zu begreifen. Denn nicht daß sie vieldeutig sind, macht die Gesetzesvorschriften unkenntlich, sondern daß sie sich von ihren Interpretationen gar nicht mehr unterscheiden lassen: »Die Gesetze sind ja so alt, Jahrhunderte haben an ihrer Auslegung gearbeitet, auch diese Auslegung ist wohl schon Gesetz geworden«. Und man kommt der Frage der Gesetze offenbar nicht näher, wenn man einen Blick in ihre Bücher wirft. In einer der großartigsten Passagen des *»Prozesses«* gelingt Josef K. ja ein solcher Blick – doch was er im Buch des Gesetzes findet, ist Pornographie.

Wenn Kafka immer wieder zur Interpretation verlockt, um sie dann zu frustrieren, scheint es in der Tat nur noch möglich, sich dem Rätsel zu unterwerfen. Dagegen hat sich Walter Benjamins Deutung mit einem Gewaltstreich gewehrt. In einem Brief an Scholem (11.8.1934) heißt es: »Kafkas stetes Drängen auf das Gesetz halte ich für den toten Punkt seines Werkes, womit ich nur sagen will, daß es gerade von ihm aus interpretativ mir nicht zu bewegen scheint.« Das ist eine These von kaum zu überbietender Radikalität, denn sie besagt im Kern, daß der scheinbare Schlüsselbegriff Kafkas scheinhaft ist: Kafkas Begriff der Gesetze sei eine »Attrappe«[1]. Damit wird aber der von der Form der Parabel getragene Begriff der Lehre nicht gegenstandslos; diese Lehre bleibt zwar unausgesprochen, ist aber interpretativ entzifferbar, nämlich am »Verhalten der Leute abzulesen«[2]. Wenn nun das Gesetz scheinhaft, eine Attrappe ist, bewährt sich wieder die Dialektik des Mißlingens: Gerade daß Kafka gescheitert ist und seine Bücher unvollendet sind, weist den Weg aus der Sackgasse des Gesetzesbegriffs. Das Werk ist Fragment und verweist dadurch aufs bedeutende Detail. Bei Adorno, der

1 W. Benjamin, a. a. O., S. 98
2 a. a. O., S. 131

Benjamin auch hierin folgt, heißt es: »Daß Lenis Finger durch eine Schwimmhaut verbunden sind oder daß die Exekutoren wie Tenöre aussehen, ist wichtiger als die Exkurse übers Gesetz.«[1]

Entschlossen ignoriert Benjamin das Gesetz, um den Gestus ins Zentrum der Interpretation zu rücken. In diesen Vorrang der Geste vor der Sprache hat sich Kafkas Anteil an der jüdischen Mystik verborgen. Der Gestus hält noch Fühlung zu einer Erfahrungsschicht, die von den Bedeutungen einer babylonisch verwirrten Sprache verschüttet worden ist. Gerade das Drängen aufs Gesetz aber ist der sicherste Weg, den symbolischen Gehalt der Gebärden zu verfehlen. Demnach definiert es die Aufgabe der Interpretation, das Werk Kafkas als »Kodex von Gesten«[2] darzustellen.

Diese extreme Deutung Benjamins stützt sich gewiß auf die eigentümliche Praxis des Naturtheaters von Oklahoma; viel wesentlicher aber scheint mir, was er in diesem Zusammenhang Franz Rosenzweigs Beschreibung des chinesischen Weisen und Brechts epischem Theater verdankt. Das Geschehen löst sich in Gesten auf, die zunächst bedeutungsunsicher sind, und denen dann versuchsweise durch eine Technik allegorischer Beschriftung Bedeutung verliehen wird. So konstruiert Brechts Theater dialektische Bilder. Doch Kafka bricht die Konstruktion im Zustand der Zweideutigkeit ab. Seine Technik ist die, »den Vorfällen gewissermaßen den Sinn abzuzapfen«[3] und die so resultierenden Gesten immer wieder neu zu beschriften. Benjamin resümiert: »Solche Gesten stellen einen Versuch dar, durch Nachahmung die Unverständlichkeit des Weltlaufs gegenstandslos oder seine Gegenstandslosigkeit verständlich zu machen.«[4]

Der Gestus wichtiger als das Gesetz; die Prophetie wichtiger als Gott; die Tradierbarkeit wichtiger als die Wahrheit – wer diesen starken Interpretamenten Benjamins folgt, muß die Frage stellen, ob sich das Werk Kafkas überhaupt noch in die Koordinaten jüdischer Religiosität eintragen läßt. Die für dieses Werk bestimmende Konstellation ist die von Westjudentum, deutscher Sprache und der Passion des Schriftstellers. »Weg vom Judentum«, so bemerkt Kafka

1 Th. W. Adorno, a. a. O., S. 254
2 W. Benjamin, a. a. O., S. 18
3 a. a. O., S. 127
4 a. a. O., S. 171

selbst, »wollten die meisten, die deutsch zu schreiben anfingen, sie wollten es, aber mit den Hinterbeinchen fanden sie keinen neuen Boden. Die Verzweiflung darüber war ihre Inspiration«.[1]

Der autobiographische Charakter dieser Notiz ist zweifellos. Immer wieder stilisiert er sich als den »westjüdischsten«[2] der Westjuden: der jüdischen Herkunft entfremdet, ohne aber in der deutschen Sprache neuen Boden unter die Füße zu bekommen; dem noch nicht einmal die Vergangenheit ein Vorgegebenes ist. Gegen diese Bodenlosigkeit seiner Existenz schreibt Kafka an. Man kann auch sagen: Nur im Medium seiner Prosa wird diese unmögliche Existenz des westjüdischsten Westjuden dennoch möglich. Das ist die konkrete Gestalt jener Verschränkung von Deutschem und Jüdischem. Ende 1913 notiert Kafka in seinem Tagebuch: »Was habe ich mit Juden gemeinsam? Ich habe kaum etwas mit mir gemeinsam«[3]. Natürlich liegt hier die Interpretation nahe, die Nichtidentität, also Kafkas Fehlanzeigen, als Negativität zu begreifen und dieses Negative wiederum als chiffriertes Judentum. So wird rasch aus Kafkas negativem Bescheid auf die Frage nach seinem Judentum ein Judentum des Negativen. Gershom Scholem definiert denn auch Kafkas Werk unumwunden als negative Theologie des Judentums. Und in der Tat hat Kafka selbst sein Werk ins theologische Koordinatensystem eingetragen – mit einer doppelten Fehlanzeige: »An dem geringen Positiven sowie an dem äußersten, zum Positiven umkippenden Negativen, hatte ich keinen ererbten Anteil. Ich bin nicht von der allerdings schon schwer sinkenden Hand des Christentums ins Leben geführt worden wie Kierkegaard und habe nicht den letzten Zipfel des davonfliegenden jüdischen Gebetsmantels noch gefangen wie die Zionisten.«[4]

Vor dem Hintergrund dieser Selbsteinschätzung gewinnt Benjamins Bemerkung, die wichtigste Aufgabe der Interpretation Kafkas sei es, »den gräßlichen Schrittmachern protestantischer Theologumena innerhalb des Judentums den Garaus zu machen«[5], einen

1 F. Kafka, Beschreibung, S. 337
2 F. Kafka, Briefe an Milena, S. 294
3 F. Kafka, Tagebücher, S. 350
4 F. Kafka, Hochzeitsvorbereitungen, S. 121
5 W. Benjamin, a. a. O., S. 66

mehr als nur polemischen Sinn. Benjamin selbst hat dieses Pensum nicht mehr absolvieren können – wohl aber Adorno, der ja vielfach Motive Benjamins wiederholt und zu Ende denkt. Dabei geht Adorno einen entscheidenden Schritt über die theologischen Fehlanzeigen Kafkas hinaus und stilisiert ihn zum Kritiker der dialektischen Theologie: Furcht und Zittern in Kafkas Werk seien die genauen Reaktionen auf den Rückschlag von Aufklärung in Mythos; Lessings Gott der Aufklärung, zum ganz Anderen geläutert, erscheine wieder als mythische Macht. Die dialektische Pointe dieser Interpretation ist natürlich die, daß gerade der Mystiker Kafka, der die Unterwerfung unters Rätsel zu fordern scheint, sich eben darin als aufgeklärter Kritiker des aufgeklärten Gottesbegriffs erweist. Adorno bemerkt: »Gerade der ›unendliche qualitative Unterschied‹, den Barth mit Kierkegaard lehrt, ist eingeebnet; zwischen Dorf und Schloß sei eigentlich kein Unterschied.«[1]

Wenn nun aus all dem folgt, daß die Aufgabe der Interpretation, die Kafkas Werk stellt, mit theologischen Begriffen nicht gelöst werden kann, heißt das doch nicht, daß es atheologisch zu begreifen wäre. Warum die unmittelbar theologischen Begriffe aber den theologischen Kern verfehlen müssen, macht eine Notiz Benjamins verständlich, die Kafkas Werk als »Sieg der Scham über die theologische Fragestellung«[2] definiert. Die Theologie wird durch diesen Sieg aber nicht liquidiert, sondern zur Inversion gezwungen. Ich will nun abschließend versuchen, diesen Begriff einer »Inversen Theologie« (Brief an Benjamin vom 17.12.1934), den Adorno gegen die Negative und Dialektische Theologie aufrichtet, genauer zu bestimmen.

Es ist für den Denkstil deutscher Juden charakteristisch, daß sie ihre theologischen Motive nicht unmittelbar aussprechen, sondern in sachlichen Darstellungen verstecken. Deshalb finden sich etwa in den Schriften Benjamins immer wieder Formeln wie »gegen den Strich bürsten«, Bilder wie »Hülle und Verhülltes«, Spiele wie »Tasche und Mitgebrachtes; häufig gebraucht er auch die Metapher der Spiegelschrift, oder der photographischen Entwicklung eines

1 Th. W. Adorno, a. a. O., S. 268
2 W. Benjamin, a. a. O., S. 139

Negativs. All diese Bilder und Wendungen drücken ein Verhältnis der Inversion aus. Die Grundform dieser Umkehrungen ist das, was Adorno einmal als Säkularisierung der Theologie um ihrer Rettung willen bezeichnet hat. Demnach kann man heute an Motiven der Theologie nur festhalten, wenn man sie ganz und gar ins Profane einbringt. Unmittelbar ausgesprochen, würden sie zum Opfer des affirmativen Mißverständnisses, das sich dann z. B. »Negative Theologie« nennt. Wenn jüdische Denker also theologische Motive in ihre Wirklichkeitskommentare investieren, dann gerade nicht, um sie zu überwinden, sondern um sie im weltlichen Inkognito am Leben zu erhalten. Vor diesem Hintergrund wird nun die Formel, Kafkas Werk sei ein Sieg der Scham über die theologische Fragestellung, erst ganz verständlich: Benjamin und Adorno deuten Kafkas Werk als ein Lehrstück inverser Theologie, die das jüdische Bilderverbot auf sich selbst anwendet: Scham verbietet ihr, Gott zu nennen.

Dieser rückhaltlosen Säkularisierung der Theologie um ihrer Rettung willen entspricht im Gegenzug, daß der kabbalistische Begriff des heiligen Textes auf literarische Texte ausgeweitet wird. Damit rückt der literarästhetische Essay aber in die jüdische Tradition des Kommentars. Und in der Tat klingt das, was Scholem über die exegetische Praxis des traditionellen Schriftgelehrten sagt, wie eine Beschreibung der Essayistik Adornos und Benjamins: »Nicht das System, sondern der Kommentar ist die legitime Form, unter der die Wahrheit entwickelt werden kann. [...] Die Wahrheit muß an einem Text entfaltet werden, in dem sie vorgegeben ist. [...] So wurde der Kommentar die charakteristische Ausdrucksform des jüdischen Denkens über die Wahrheit«[1]. Die Aufgabe der Interpretation Kafkas zentriert sich deshalb um sein »Genie der Interpretation«[2]. So hat Benjamin die Deutungen der Türhüter-Parabel und die Varianten der Sirenen-Geschichte als wahre hermeneutische Modelle kenntlich gemacht: »Kafkas Romane (sind) eine Probe auf die Leistungsfähigkeit des deutenden Verhaltens. Im Mittelpunkt steht immer die Interpretation.«[3]

1 G. Scholem, Judaica 4, S. 203
2 W. Benjamin, Ges. Schriften II, S. 1267
3 a. a. O., S. 1229

Dialektik der Gegenaufklärung

Jacques Lacan hat die sehr weitreichende Bemerkung gemacht, Metaphysik stopfe stets das Loch der Politik. Daß sich Philosophie am Leben erhalte, weil der Augenblick ihrer Verwirklichung versäumt worden sei, ist eine bekannte metaphysische Formulierung desselben Sachverhalts. Das hat sich auf der deutschen Szene schon vielfach bestätigt. Reden wir Klartext: Die sogenannte Aufarbeitung der nationalsozialistischen Vergangenheit ist bisher eine Farce gewesen. Gerade auch die deutsche Philosophie verdrängt den Nationalsozialismus, indem sie das gefährliche, krisenhafte Gedankengemisch der zwanziger Jahre jenseits von Links und Rechts tabuisiert. Doch das traumatische Ereignis, von der Zensur einer pseudodemokratischen Gesinnung formiert, prägt das Denken als historisches Stigma.

Wenn Geschichte der Ort ist, wo das Verdrängte wiederkehrt, dann ist das anonyme Philosophieren geschichtlich genau insoweit, als es das Verdrängte zum Gesprochen-Sein kommen läßt. Daran läßt sich ermessen, welche Verheerung die von den offiziellen Denkbeamten durchgesetzte Demarkierung des philosophischen Feldes durch die Disjunktion »historisch vs. systematisch« anrichtet. In aller Unschuld zerstört der alltägliche Terror der »Sprachanalytiker« die Möglichkeit historischer Selbstbesinnung. Das hat Werner Hamacher zu der scharfen These veranlaßt, daß es sich bei der deutschen Hochkonjunktur sprachanalytischer Philosophie um geistige Reparationszahlungen handle. Wie gesagt: Metaphysik, und sei es Antimetaphysik, stopft stets das Loch der Politik.

Die deutsche philosophische Szene wird durch die ungleiche Konkurrenz zweier Philosophie-Importe geprägt: Das herrschende Denken ist angelsächsisch codiert, das anonyme Philosophieren französisch. Was die Sache der deutsch-französischen Symphilosophie so aufregend macht, ist die Tatsache, daß der französische Umweg deutschem Denken die verdrängte deutsche Philosophie zugänglich macht: Nietzsche, Freud und Heidegger. Seither gibt es linke Lektüren des rechten Denkens. Die deutsche philosophische Szene – vielleicht kann man sie so beschreiben: Intellektuell sind die Positionen, die der sogenannte Positivismusstreit der sechziger Jahre zwischen Adorno und Popper (auf kleinerer Flamme: zwischen Habermas und Albert) erstmals dokumentierte, unverändert geblieben. Nur die Macht hat sich verschoben. Unaufhaltsam marschiert die ecclesia militans der Sprachanalytiker, die den metaphysisch verquasteten Köpfen der alten Welt in aller Unschuld und aller Härte einhämmert, daß nur ein Dreisprung der Vernunft ins legitime 20. Jahrhundert führt: von Aristoteles über Kant zu Wittgenstein. Das ist Klartext. Undurchsichtiger ist die Lage des dialektischen Denkens nach Adornos Tod. Das Ende der Frankfurter Schule hat ein Vakuum geschaffen, das illegitime Erben anzog – Stichwort: Jürgen Habermas und das unendliche Gespräch der Kommunikationsgemeinschaft. Universitätspolitisch wurde das Vakuum durch die Schüler Joachim Ritters ausgefüllt, die mit ihrem ausgeprägten Sinn für Institutionen erstaunliche Geländegewinne auf dem philosophischen Feld erzielt haben. Um auch hier Namen zu nennen: Der bedeutendste Vertreter der Ritter-Schule ist Odo Marquard, der seit Jahren Bausteine zu einer virtuosen und witzigen Juste-Milieu-Philosophie zusammenträgt. Mit einem pathetischen Anti-Pathos des Niedriger-Hängens trägt dieses Denken seinen Abschied vom Prinzipiellen und sein Lob der Üblichkeiten vor.

Unterhalb dieser das offizielle Denken bestimmenden Konstellation aber gibt es ein anonymes Philosophieren jenseits von Links und Rechts, das sich mit jenem nur in einem – allerdings entscheidenden – Punkt berührt: Heute ist alles Denken, das zählt, eine Fußnote zum Text »Ende der Philosophie«. Seit den zwanziger Jahren gibt es einen Exodus aus der Philosophie in Hermeneutik, Kommentar, Analytik. Und bisher blieb alle Verheißung einer Rückkehr ins gelobte Land der Lehre Scharlatanerie. Daß uns die Lehre abhanden gekommen ist, heißt: Es gibt keine klassischen Texte, keinen wahren Diskurs und keine charismatischen Lehrer mehr. Wenn ich auf diesen Seiten von anonymen Philosophen spreche, so mag man darin einen tastenden Versuch sehen, dem heutigen Philosophieren ohne Philosophie ein Subjekt zu benennen.

Die Zerstörung einer Illusion ergibt keine Wahrheit, sondern erweitert die Wüste unserer Unwissenheit. Das nimmt ein anonymes Philosophieren auf sich, das in Extremen denkt. Deshalb hat es den Geschmack gegen sich. Extrem statt Vermittlung, Ausnahme statt Norm – das heißt methodologisch: Analytik statt Kritik; politisch: Dezision statt Diskussion; historisch: Ereignis statt Zustand. Denn jede Frage entspringt einer Situation, jeder Satz ist eine Antwort, jeder Begriff ist polemisch.

Die anonymen Philosophen kündigen die Disjunktion von Links und Rechts durch eine pessimistische Politik, die das Feld verläßt, auf dem sich die Ideologien der klassischen Kontrahenten einschreiben. Geschichte, Macht und Staat sind koextensiv. Der Mensch ist ein Artefakt des Staates und seine »Natur« an der sozialen Institution seines Begehrens ablesbar. Da auch das Begehren, das sich gegen die Macht richtet, streng in ihrem Diskurs artikuliert ist, gibt es für die anonyme Philosophie innerhalb der klassischen Ordnung des Politischen keinen Ausweg, sondern allein eine Minimalethik des Widerstands. Man bricht, wie schon die Kritische Theorie der Frankfurter Schule, mit dem Optimismus des Wunsches und schreibt die Geschichte des Leidens. Man organisiert den politischen Pessimismus so extrem, daß sich das Feld einer neuen Ethik eröffnet, die ihrerseits eine minimale provisorische Politik postuliert. Widerstand ist keine Negation, kein Ankreuzen des Nein auf dem Stimmzettel, kein dialektischer Akt. Widerstand affirmiert. Nietzsche hat in diesem Zusammenhang einmal darauf hingewiesen, daß Widersprechen ein Können ist, denn es formuliert den Protest ohne Ressentiment. Nach dieser Logik bilden Staat und Revolution keine Antithese, sondern die zeitlich auseinandergefalteten Momente desselben Begehrens, das die klassische deutsche Philosophie kommandiert hat. Revolutionen ziehen keine Fluchtlinien aus dem Staat. Sie haben ihn bisher stets zementiert und den anarchischen Widerspruch niedergehalten. Heute tritt dem Betrachter das gefährliche Denken in mythischer Verpuppung entgegen. Begnügt er sich nicht mit der ästhetischen Lust an der mythischen Textur, so mag er versuchen, die Herkunft des Gedankenstoffs zu erforschen, von dem die anonymen Philosophen stets nur Enden, Reste, Flicken aufheben und kühn neu organisieren.

So scheint der eschatologischen Zeit der Linken – der Zeit der kurzen Wege, des Umschlags von Theorie und Praxis, des Endes der Interpretation – fast zwangsläufig eine neue Mythologie zu folgen: Umwege des Erzählens, Entlastung von der Geschichte durch Geschichten, statt des linken Geschichtemachens. Daraus resultiert eine innere Pseudonymität des neuen Denkens: Es will nicht, wie noch Kierkegaard, der eigenen Vielfalt verschiedene Namen geben, Reflexionsstufen figuralisieren, sondern in sich nichtidentisch sein bei gleichem Autoren-Namen. Der Verrat der Identität bricht mit den Bildern. Dahinter steht die Spekulation, daß der Mensch erst wirklich frei ist, wenn er sich von seinem Bild befreit hat.

Der desanthropomorphisierte Mensch, das in seiner imaginären Funktion erkannte Ich, das dezentrierte Subjekt – drei Namen desselben Begriffs eines anonymen Philosophierens. Es steht antipodisch zu jener traditionellen Schulphilosophie, die sich, wie in aller Naivität noch G. Simmel, um »Hauptprobleme« wie Wesen, Sein und Werden, Subjekt und Objekt formiert. Statt sich der Sonderart philosophischer Allgemeinheit losgelöst von den Sachgehalten zu versichern, geht das bilderlose Denken ins Detail. Es verläßt den *mainstream* der Philosophie und riskiert Randgänge – Todfeind jeder Kanonbildung. Es interessiert sich besonders für die Einwände gegen die Philosophie und entfaltet sich vorzugsweise in den Konfinien der wissenschaftlichen *departments*. In diesem Sinne sind die Themen des anonymen Philosophierens marginal; sie liegen an der Peripherie des Bewußtseins: das Außen (Ethnologie), Asyl und Exil (Diskursanalyse), die bedeutungsferne Sprache (Ästhetische Theorie) und das innere Ausland (Psychoanalyse). Dort, wo die Frage des Ressentiments nach der Verantwortung des Denkens endlich verstummt, wird viel zu sagen sein. Und es wird sich zeigen, was die Großen Fragen verstellen. Inmitten der Wissensfabriken erinnert anonyme Philosophie an das, was an der Börse der Einzelwissenschaften im Kurs gefallen ist: Erfahrung, Bildung, Imagination. Deshalb zieht sie das Ressentiment der Angepaßten auf sich. Die Flausen im Kopf des anonymen Philosophen machen ihn zum Sympathisanten des politischen Widerstands.

Wie es ist? Schlechte Zeiten scheinen gute Zeiten für die Philosophie. »In einer Langeweile, wo aber die hartnäckige Gewöhnlichkeit des Seienden eine Öde ausbreitet« (Heidegger), fällt der Absprung aus dem Alltag ins philosophische Fragen am leichtesten. Es wird subversiv, wenn es das Niveau provozierender Nutzlosigkeit erreicht hat. Nicht das schlechteste Zeichen ist es für das Denken, wenn Denkbeamte der Universität ihm den Status des Philosophischen absprechen. Nutzlos ist ein freier Geist aber nicht nur für das bestehende System gesellschaftlicher Zweckmäßigkeit, sondern auch für jene Hilflosen, die studierend nach dem Lebenssinn fragen. Unseresgleichen macht komplizierte Dinge der Welt nicht leichter sondern schwerer. Philosophie entlastet nicht mehr.

In ihrer Lehre wird die Philosophie eine Sache von Körpern, denn Pädagogik heißt zumeist, Wissen im Handgemenge zwischen Lehrern und Schülern zu vermitteln – und zwar ein Wissen, das sich zwanghaft als philosophisches ausweist, indem es sich der Hausordnung der Wahrheit unterwirft. In genealogischen Analysen, die uns Nietzsche gelehrt hat, bekommt alles einen Körper und die Philosophie wird eine Sache Mann gegen Mann. Sie fragen nicht nach dem Wesen der Metaphysik, sondern: Wer beansprucht sie für sich? Wer hat Angst vor der Philosophie?

Philosophische Körper sind nicht nur die Lehrkörper der Universitäten, sondern auch kontextuelle Institutionen – auch der Staat führt einen philosophischen Diskurs, etwa über die Unmöglichkeit einer philosophischen Lehre – und intervenierende politische Mächte. Philosophie der Macht ist *genitivus obiectivus* wie *subiectivus*, und ihr überragendes Paradigma bildet Hegels Stellung zum preußischen Staat. Denn sein Werk bezeichnet nicht nur den Gipfelpunkt deutscher Philosophie, sondern nennt zugleich auch ihre große historische Hypothek: Stets waren deutsche Philosophen Erziehungsbeamte des Staates und alle ›Einführung‹ in die Philosophie im Kern Staatspädagogik. Die Genealogie der Philosophien überbordet deren Feld, denn sie sind Kampfzonen, nicht theoretische

Objekte, über die nachzudenken wäre. Nicht eine Philosophie der Praxis macht dem Staat angst, sondern neue Praktiken einer Philosophie, die, wie erstmals in der Studentenbewegung, das wilde, ungedeckte Denken nicht scheut und zur radikalen Gegenwartsdiagnose wird. Je näher der Gegenwart, desto diskontinuierlicher das Denken. Kritische Philosophie hat heute den Gegenpol jener Kontemplation wohlgeordneter Wesenheiten erreicht, die einmal den einsamen sokratischen Philosophen von der kämpfenden, werktätigen Menge trennte. Sokrates erklärte das Begehren der Vielen nach Philosophie aus ihrem seelenverkümmernden, geisttötenden Schicksal tagtäglicher Spezialarbeit. Philosophie bringt aber den Beschädigten nicht das Heil, sondern die Diagnose.

Es wächst das Mißtrauen gegen die Diskussion, seit sie als Mittel der Beruhigung politischen Protests eingesetzt wird. Sie integriert in ein flexibles Schema der »geistigen Auseinandersetzung« und wirkt effektiver als Disziplinarmaßnahmen. Zumeist entscheidet ihr bloßes Daß. Zu Ordinarien-Zeiten war sie antiautoritär als Kritik und Sprengung des Dogmas; heute dient sie staatlichen Autoritäten als Integrationstechnik und wirkt als ein Medium, in dem auch die philosophische Kritik ihre Unversöhnlichkeit und radikale Negationsqualität einbüßt. Was bleibt von den kritischen Impulsen des Außen, wenn sie im liberalen Verfahren der Diskussion der Reflexivität eines Diskurses unterworfen und in die »Innerlichkeit« zurückgestaut werden?

Kommunikationsgemeinschaft gibt es nicht. Das bezeugt u. a. das Verstummen der Studenten. »Kommunikative Kompetenz« ist das Produkt sublimer Rituale. Niemand spricht an der Universität, den man nicht zum Sprechen gebracht hätte. Warum die Studenten verstummen? Weil sich dort, wo sie das sprechende Subjekt der Philosophie gesucht haben, eine Leere aufgetan hat. Studenten, die bemerken, daß die Position des sprechenden Subjekts in der Philosophie leer ist, möchten vielleicht wissen, welche Machtmechanismen die Produktion von Reden steuern. Darüber täuscht keine Frage nachhaltiger als die nach dem Wesen der Philosophie. Das Schweigen der Studenten ist Antwort auf die philosophischen Geständnispraktiken – sie weigern sich, zum Sprechen gebracht zu werden. Am Ende ist damit aber nicht die Philosophie, sondern *der*

Philosoph, seit er erfahren mußte, daß er nicht Herr der Sprache ist. Und schrecklich klingt manchen die Botschaft der anonymen Philosophie, die dieser Dispersion des Subjekts nachdenkt. Wenn der Philosoph verschwindet, gibt es wieder diskursive Ereignisse, die so vergänglich sind wie die Stimme. Absehbar wird eine Philosophie, die nicht perenniert, sondern Vergängnis und Diskontinuität von Gesprochenem als das eigene Lebenselement begreift – das erklärt die neue Begeisterung für Nietzsche. Denn wo könnte man immer radikal und niemals konsequent sein, wenn nicht auf dem ereignishaften, von Vergängnis gezeichneten Schauplatz des eingreifenden Sprechens. Das ist ja die destruktive Arbeit, die Nietzsche für uns geleistet hat: hinter der *Liebe zur Weisheit* den *Willen zum Wissen* erkennbar zu machen.

Für Nietzsche reduziert sich Kultur nicht, wie für die sozialdemokratische Bildungsbeflissenheit, auf theoretische Information, sondern ist primär Praxis – ein Existenzstil. Das hat ihm den genealogischen Weg gewiesen, auf dem die moderne Kultur, die das Wissen zu ihrem neuen Gott gemacht hat, entmystifiziert werden kann. Wer aber den neuen Gott »Wissen« entmachten will, muß auch die Lehre von ihrem theologischen Ursprung emanzipieren. Deshalb lehrt Nietzsche, wie man wird, was man ist – das Unlehrbare. Wie lehrt man eine transmutative, umwertende Praxis? *Ecce homo* ist die Autobiographie als Antwort: die Lehre eines unprofessoralen Professors. Nietzsche ist ein Bei-Spiel. Jeder Dialektiker weiß, daß ein Beispiel dem durch es Illustrierten unwesentlich ist und in einer strengen philosophischen Durchführung keinen Ort hat. Doch wenn es kein Wesen gibt? Dann ist das Beispiel, das Nietzsche gibt, nicht exemplarisch, und der Professor verschwindet in seinem Spiel. Wir wollen Lehrer, die man vergißt im Spiel der Lehre, keine Katechese. Nicht das revolutionäre Manifest, sondern das Ereignis der Rede scheint den Institutionen gefährlich. Deshalb ist jede Institution wesentlich Initiation in die Ordnung des sie regelnden Sprechens.

Der Staat hat Angst vor einer Philosophie, die keinen »Sinn« mehr produziert und der das, was ist, nicht alles ist. Eine große Krise der Hirne fürchtet er mehr als eine der Wirtschaft. Gefährlich ist deshalb ein Philosoph, der seinem Stamm die Dienste des Medizinmanns verweigert und keine Tradition, indem er etwa gewisse Texte als kanonische Schriften deklarierte, fortsetzt. Angst macht den Ordnungskräften ein Denken, das sich nicht als Krone der wissenschaftlichen Rede und Nutznießer ihrer Machtwirkungen, sondern als Statthalter des unterworfenen Wissens versteht.

Abklärung der Aufklärung

Der oft bemerkte, scheinbar spezifisch deutsche Sachverhalt, daß die revolutionären Köpfe nicht aufgeklärt und die Aufklärer nicht revolutionär waren, hat paradigmatische Bedeutung. Der Keim zur Selbstzerstörung der Aufklärung liegt in dem Widerspruch zwischen ihrem Prinzip radikaler Kritik und der Annahme sinnvoll politischer Ziele, die aus Vernunftwahrheiten abzuleiten wären. Stets immunisiert sich Aufklärung gegen eine hermeneutische Selbstapplikation ihrer historisch-funktionalen Relativierung. »Für die dann noch mögliche Erfassung der Lage hat Jürgen Habermas das Stichwort der Legitimationskrise ausgegeben. Damit werden die Reflexionsschranken der Aufklärung in die Theorie einer Gesellschaft, die dies verhindert, überführt und objektiviert«. (Luhmann) Dem entspricht – Stichwort: kommunikative Vernunft – der verzweifelte Versuch, Dialektik wieder in den »klassischen, interaktionsnahen Kontext« kunstvoller Diskussion zurückzutransponieren, aus dem sie Kants transzendentale Dialektik als Theorie sich operativ verselbständigender Widersprüche herausgedreht hatte.

Wo sich das Licht ihrer reinen Einsicht bricht, sieht die Aufklärung nur Kommunikationssperren. Daß ein System nur unter Latenzschutz funktioniert, macht es für den Aufklärer per se illegitim. Darin folgt er dem Zug des okzidentalen Rationalismus, der zunehmend arkandisziplinäre Hierarchien durch kommunikationsfähige Funktionalitäten ersetzt. Aufklärung formiert sich im »Sog« eines allgemeinen Latenzschwunds. Ihre »Universaltugend«, die Kritik, ist konstitutiv unfähig, die Funktion des notwendig Latenten überhaupt zu perzipieren. »Der Aufklärer nimmt als ›Philosoph‹ eine öffentliche Rolle in Anspruch, er symbolisiert in seiner Person die Selbstreflexion des Gesellschaftssystems. Man beginnt, sich auf die öffentliche Meinung zu berufen. Ausgerechnet die *öffentliche* Meinung wird zur *unsichtbaren* Gewalt erklärt. Manifest und latent fallen zusammen – und nur daß dies geschieht, bleibt latent.« (Luhmann) Klärt man Aufklärung darüber auf, so resultiert eine klare Aporie, denn die Kommunikation über das ihr notwendig Verborgene scheitert am Latenzschutz ihres Systems.

Entzauberung ist der Eigenname der Aufklärung. Daß sie es versäumen mußte, sich selbst aufzuklären, stellt ihren traurigen Erben die Aufgabe, ihr Produkt, die entzauberte Welt, zu entzaubern. Das war Max Webers Programm. Diskussionen über das Schicksal der Aufklärung heute stehen deshalb im Horizont seines Werks, weil gerade sein Einspruch gegen die Sache der Philosophie philosophisch folgenreich geworden ist. Ich nenne nur vier Stichworte: 1) Der sogenannte *Webermarxismus*, also Lukács, Bloch und z.T. auch Benjamin, die noch unmittelbar im Schatten Max Webers stehen. 2) Die *Kritische Theorie* von ihrer heroischen Ausprägung in der »Dialektik der Aufklärung« bis hin zu Habermas, der sie ins babylonische Exil sozialdemokratischer Praxis geführt hat. 3) Die Theorie des *entzauberten Polytheismus*, also die Juste-Milieu-Philosophie von Blumenberg, Marquard und Lübbe. 4) *Posthistoire* als Zauberbild des Jahrhunderts, d.h. als Phantasmagorie, aber auch als objektiv geschichtsphilosophische Kategorie. Ich will nun versuchen, diejenigen Geschichts-Philosopheme Webers aus ihren soziologischen Inversionen herauszulesen, die für diese Positionen im Kampf um den Begriff der Aufklärung bestimmend wurden.

Die Welt ist entzaubert, sobald sie *durch Berechnen beherrscht* scheint. Wenn das Subjekt immer *auf etwas rechnen* kann, gibt es keine geheimnisvollen Mächte mehr. So verwandelt Aufklärung die Welt durch rational empirische Erkenntnis in einen kausalen Mechanismus. Der Preis der Herrschaft ist Sinnlosigkeit. Aufklärung macht lebensmüde. Seit es von diesem Baum der Erkenntnis gegessen hat, ist das Subjekt der Moderne in einen sinnlosen Fortschritt hineingestellt. Und hier entsteht die spezifische Intellektuellenaufgabe: die Erlösung von der inneren Not durch das Bild einer sinnvoll geordneten Lebensführung. *Die Welt als Sinnproblem* (ent-)steht *komplementär zu ihrer Entzauberung*. Intellektuelle Sinnproduktion kann im Prozeß der Aufklärung überall dort einrasten, wo die entzaubernde Weltrechnung nicht aufgeht. Inmitten der spezifisch sinnlosen modernen Durchrationalisierung des Weltbildes und der Konstruktion eines entgotteten Mechanismus nach unpersönlichen Regeln gibt es immer wieder irrationale Einschläge, an die sich das metaphysische Bedürfnis heften kann.

Doch das Verhältnis von Rationalisierung und unentfliehbarer Irrationalität fügt sich keiner bündigen Disjunktion – und das erschüttert das Selbstbewußtsein der Aufklärung im Innersten. In seinem Aufsatz über die protestantische Ethik und den Geist des Kapitalismus schreibt Weber:

»›Irrational‹ ist etwas stets nicht an sich, sondern von einem bestimmten *›rationalen‹* Gesichtspunkt aus. Für den Irreligiösen ist jede religiöse, für den Hedoniker jede asketische Lebensführung ›irrational‹, mag sie auch, an *ihrem* letzten Wert gemessen, eine ›Rationalisierung‹ sein. Wenn zu irgend etwas, so möchte dieser Aufsatz dazu beitragen, den nur scheinbar eindeutigen Begriff des ›Rationalen‹ in seiner Vielseitigkeit aufzudecken. [...] Man kann eben – dieser einfache Satz, der oft vergessen wird, sollte an der Spitze jeder Studie stehen, die sich mit ›Rationalismus‹ befaßt – das Leben unter höchst verschiedenen letzten Gesichtspunkten und nach sehr verschiedenen Richtungen hin ›rationalisieren‹.«

Dem entspricht, daß das den rationalen Ordnungen korrespondierende Handeln von den Massen ›traditionell‹ eingeübt wird. Und daraus folgt, daß die fortschreitende Rationalisierung die davon Betroffenen immer weiter von der »rationalen Basis« der Ordnungen entfernt. Rationalisierung bringt also gerade keine Universalisierung des Wissens. Vielmehr funktionieren die systematisch-rationalisierten Weltbilder als apriorische »Weichensteller« des gesellschaftlichen Handelns. Die »spezifisch ›rationale‹ Note« liegt nur im Glauben an die prinzipielle Berechenbarkeit. Der Glaube ans Wissen ist der irreduzible metaphysische Rest in der entzauberten Welt. Im § 344 der Fröhlichen Wissenschaft, einem Grundtext abgeklärter Aufklärung, hat Nietzsche das unüberbietbar formuliert: »daß es immer noch ein metaphysischer Glaube ist, auf dem unser Glaube an die Wissenschaft ruht, – daß auch wir Erkennenden von heute, wir Gottlosen und Antimetaphysiker, auch unser Feuer noch von dem Brande nehmen, den ein jahrtausendealter Glaube entzündet hat, jener Christenglaube, der auch der Glaube Platons war, daß Gott die Wahrheit ist, daß die Wahrheit göttlich ist...«

Max Webers Theorie der Aufklärung liegt im ersten Satz seiner berühmten »Vorbemerkung« zu den religionssoziologischen Aufsätzen wie in eine Nußschale eingebettet: »Universalgeschichtliche Probleme wird der Sohn der modernen europäischen Kulturwelt unvermeidlicher- und berechtigterweise unter der Fragestellung behandeln: welche Verkettung von Umständen hat dazu geführt, daß gerade auf dem Boden des Okzidents, und nur hier, Kulturerscheinungen auftraten, welche doch – wie wenigstens wir uns gern vorstellen – in einer Entwicklungsrichtung von *universeller* Bedeutung und Gültigkeit lagen?« Die Struktur der Weberschen Darstellung ist einfach: *Nur im Okzident* und nirgends sonst gibt es die neuzeitspezifische rational-kapitalistische Organisation von (formell) freier Arbeit als Betrieb, dessen exakte Kalkulation zum Prägestempel für die Eigenart des abendländischen Bürgertums wurde. Diese bürgerliche Lebens*methodik* im ökonomischen Kosmos rechenhafter Rationalität, in dem nur Rentabilität, Tauschchancen, Kapitalrechnung und Bilanz zählen, hat der Puritanismus *gegen seinen Willen* geschaffen. Denn die »Weltrationalisierung [...] in der Form asketischer Weltablehnung« folgte dem Wundtschen Gesetz von der *Heterogonie der Zwecke*. In diesem Sinne bezeichnet Max Weber den Kapitalismus als das Schicksal der Moderne. Die religionssoziologische Genealogie des Aufklärungsprozesses fragt nicht nach dem Dogma, sondern nach den kultischen Formen, der seelsorgerischen Praxis. Webers Frage lautet also: Welcher Lebensstil ist dem Kapitalismus geistig adäquat? Denn um universelle Bedeutung zu gewinnen, muß sich der Kapitalismus in der Seele durchsetzen. Mit anderen Worten: Eine rationale Gesinnung muß konstitutiv auf ihn auftreffen. Rationale Lebensführung ist das Konstituens der Moderne. Sie hat ihren Preis. Daß die Rentabilitätsmaxime die Geldgier verdrängt, besagt, daß der Erwerbs-*Trieb* zum *Geist* des Kapitalismus sublimiert werden muß. Diese rationale Temperierung des irrationalen Triebs gilt Weber als die spezifische Leistung puritanischer Askesetechniken: »rationale *ethische* Bändigung der Gewinnsucht«.

Die »Verdrängung des natürlichen Trieblebens, welche die streng willensmäßig ethische Rationalisierung mit sich bringt«, wird von der Aufklärung zur Autonomie des Subjekts verklärt. Das autonome Subjekt ist die Phantasmagorie der Aufklärung, Zauberbild eines Zeitalters, hinter dem der geronnene Geist lebendiger und toter Maschinen sein Wesen treibt. Der Betrieb bändigt den Trieb. Und es ist allein die derart »gebändigte rationale Energie des Alltagsbetriebes«, die das Projekt der Moderne vorantreibt.

Es ist nun entscheidend, zu sehen, daß eindimensionale Aufklärung im Namen des Volkes in den Dienst der Betriebsdisziplin einer vollends entzauberten Welt tritt. »Die geistige Aufklärung ist ein unfehlbares Mittel, um die Menschen unsicher, willensschwächer, anschluß- und stützebedürftiger zu machen [...]. Die Selbsttäuschung der Menge über diesen Punkt, z. B. in aller Demokratie, ist äußerst wertvoll: die Verkleinerung und Regierbarkeit der Menschen wird als ›Fortschritt‹ erstrebt.« (Nietzsche) Demokratische Aufklärung ist die Abspannung des okzidentalen Geistes, Wissenschaft als Mittel der Selbstbetäubung, Erkenntnis um nicht zur Besinnung zu kommen. Nietzsche stellt die Aufklärung als einen Schlaf der Vernunft dar, der vor dem Erwachen graut. Geselligkeit und Kommunikation sind die hilflosen Gebärden, mit denen sie die Ungeheuer bannen möchte, die ihr Schlaf gebiert.

Es geht deshalb nicht um eine Wiedererweckung der Aufklärung. Vielmehr soll die Vernunft aus dem Schlaf, der Aufklärung heißt, erwachen und ihre Ungeheuer geistesgegenwärtig ins Auge fassen. Das nennt Nietzsche »die große Aufklärung über das Dasein«. Sie bringt dialektische Korrekturen am Projekt der Moderne an. Daß Schopenhauer Erzieher ist, weil er die Reaktion als Fortschritt verkörpert; daß der Geist Wagnerscher Musik den Geist der Aufklärung austreibt; daß der historische Sinn Ursprung, Herkunft und Genealogie ins Zentrum des Wissensfeldes zieht – das sind Symptome dafür, daß die von den Deutschen gegen die Aufklärung beschworenen Geister selbst in deren Dienst treten können. Und so scheint mir Nietzsche nicht der Exponent jener traurigen Dialektik der Aufklärung, sondern der Initiator einer Dialektik der Gegenaufklärung zu sein. Diese haben wir jetzt weiterzuführen.

Die rückläufige Bewegung

Unsere Zeit des Post hat eine Entzauberung der Avantgarden, eine Baisse der Aufklärung gebracht. Avantgarde, der Vortrupp des Ganzen, ist zum Kuriosum geworden, seit der Weltgeist außer Tritt geraten und niemand mehr weiß, wo vorn ist. So klingt die Rede von Avantgarde heute objektiv komisch. Sie meinte einmal den Stoßtrupp der ästhetischen Moderne gegen die gesellschaftliche. In Adornos Begriff des Avancierten hat sie ihr Leben ausgehaucht: Ästhetische Theorie trat an die Stelle avantgardistischer Kunst. Hier wurde sich das avancierte Bewußtsein selbst historisch. »Was von endlichen Wesen über Transzendenz gesagt wird, ist deren Schein, jedoch, wie Kant wohl gewahrte, ein notwendiger. Daher hat die Rettung des Scheins, Gegenstand der Ästhetik, ihre unvergleichliche metaphysische Relevanz.« (Adorno) Das war die letztmögliche Reprise des Nietzscheschen Begriffs von Kunst als eigentlicher metaphysischer Tätigkeit. Weil Kunst das Pensum der Metaphysik ohne säkularisierte Ammenmärchen erfüllen sollte, konnte die Parole am Ende des 19. Jahrhunderts noch lauten: »Eine antimetaphysische Weltbetrachtung – ja, aber eine artistische.« (Nietzsche)

Rückblickend auf die Avantgarde erscheint ihr verwirklichungspathetischer Fortschritt als Überstürzung des Metaphysischen; sofern überstürzen heißt: aufheben wollen, was man nicht kennt. Heute gibt uns die allgemeine geistige Flaute die Chance, einen Schritt zurück zu tun zur Nachträglichkeit des Postskriptums, zum Pathos der Distanz. Es geht um einen Schritt zurück aus der dogmatisch Bescheid gebenden Avantgarde in die Frage als höchste Form des Wissens. Wie Heidegger gesehen hat, muß die Verwindung der Metaphysik als eine Form der Zuwendung verstanden werden. Um das Übersprungene zu denken, muß man aus der Überstürzung der Aufklärung zurückschreiten. Hier deutet sich eine Dialektik der *Derrièregarde* an: Die retardierende Metaphysik könnte gegenüber den fortschreitenden *normal sciences* zum Asyl des ungedeckten, noch nicht zugerüsteten Gedankens werden. Schon Nietzsche hat sehr deutlich gesehen, daß nach einer besonnenen Überwindung der Metaphysik »eine *rückläufige Bewegung* nötig« ist: »Die Aufgeklärtesten bringen es nur so weit, sich von der Metaphysik zu befreien und mit Überlegenheit auf sie zurückzusehen: während es doch auch hier, wie im Hippodrom, not tut, um das Ende der Bahn herumzubiegen.« Erinnern wir uns: Zu Zeiten der ästhetischen Avantgarde der Moderne gehörte der antimetaphysische Affekt zum guten Ton der Ideologiekritik. So konnte Marx mit großartiger Ironie die ›metaphysischen Spitzfindigkeiten‹ des sinnlichen Dings ›Ware‹ schildern. Und mit demselben Gestus analysierte Nietzsche Metaphysik als unfreiwillige Wissenschaft von den Grundirrtümern des Menschen. Es folgten die radikalen Reduktionisten: Freud wollte Metaphysik in Metapsychologie umsetzen, Wittgenstein die Wörter von ihrer metaphysischen auf ihre alltägliche Verwendung zurückführen. Und bis dato verfolgt Hans Blumenberg sein Programm, Metaphysik, die nichts sei als beim Wort genommene Metaphorik, wieder in diese aufzulösen.

Vielfach fungierten solche Kritiken der Metaphysik selbst als Metaphysikersatz. Die Kritische Theorie, deren Aufklärungsdialektik in den sechziger Jahren eine gleichsam negative Weltbildfunktion hatte, war der letzte. Sie richtete sich bekanntlich gegen das stahlharte Gehäuse der instrumentellen Vernunft. Seither hat offenbar eine Hundertachtziggradwendung stattgefunden: Die Menschen scheinen heute einer technizistischen Faszination zu erliegen – *gadgeteering* nennt man diese libidinöse Besetzung des Ge-Stells. Das wird von den *clercs* der Telekommunikation kräftig gefördert. Ihre technische Weltdeutung verdeckt die metaphysische Herkunft ihres Wissens. Dabei entfaltet sich stillschweigend eine technologische Geschichtsphilosophie, ein Fetischismus der großen Innovationsdaten, dessen geistaustreibender Furor an die Stelle der Namen des alten philosophischen Heiligenkalenders die Namen Turing und Shannon einträgt.

Gadgeteering und Weltpanik sind Komplementärphänomene. Im Horror der Unwissenden vor dem Ende spiegelt sich die Flucht der Technizisten vor dem Denken. Sie haben Angst vor der Angst. Nietzsche hat diese Sterilität eines »aufgeregten Ephemeren-Daseins« immer wieder gegeißelt. Schon ein kurzer Blick auf die Forschungsprogramme deutscher Universitäten belehrt darüber, wie hektische Betriebsamkeit das »schlechte Wissenschaftsgewissen« betäuben soll. Wissenschaft als Mittel der Selbstbetäubung – kennt ihr das? Gegen diese einmal stolz Entzauberung der Welt genannte »Habitualisierung der Enttäuschungsprozesse« (K. Heinrich) protestiert das metaphysische Bedürfnis. Man mißverstehe das nicht als Ansage einer erneuten Auferstehung der Metaphysik. Vielmehr hat die geschichtsphilosophische Entlastung der Philosophie nach dem Scheitern ihrer Verwirklichung *Metaphysik als Spiel* freigesetzt, das den Starrkrampf des technizistischen Weltverhaltens lösen könnte. Doch darf der metaphysische Spielraum nicht durch Orientierungszumutungen verstellt werden: Die große Lockerung gelingt nur im ästhetischen Aggregatzustand des Ernstes.

In diesem Kontext kann die gegenwärtige Konjunktur des Irrationalen als kryptometaphysisches Symptom verstanden werden. Denn das Interesse für Mythen, Metaphern und Geschichten, das Andere der Vernunft, kreist um die möglich gewordene Totalität. »Wissenschaft steht unter der Bedingung der Preisgabe des Totalitätsanspruchs. Vom ›Weltbegriff‹ wird philosophisch gerade deshalb so viel gesprochen, weil die Philosophie keinen Weltbegriff haben kann, sondern immer nur eine Idee davon, was ihr vorenthalten bleiben muß, indem sie sich der Norm theoretischer Erkenntnis nicht zu versagen vermag.« (Blumenberg) Dieses zu immer neuen Gipfeln der Desillusion ansteigende Entsagungspensum der Moderne wird durch *Reservate des Jenesaisquoi* kompensiert – ein kryptometaphysischer Vorgang, sofern Krypta den Ort des im Inneren Verworfenen bezeichnet.

Man kann es auch so sagen: Aufklärung hat uns die Droge Metaphysik weggenommen. Jetzt haben wir Entzugserscheinungen. Das verleiht Philosophischen Instituten das Statut metaphysischer Drogenberatungsstellen. Doch von anderen Drogen unterscheidet sich Metaphysik dadurch, daß die *Rettung vor ihr* nicht im Entzug, sondern in der Frage nach ihr liegt. Denn sie ist das Lieblingskind der Vernunft und, so Kant, durch die Natur selbst in uns gelegt; deshalb sei es »umsonst, Gleichgültigkeit in Ansehung solcher Nachforschungen erkünsteln zu wollen«. Der Kantianer Schopenhauer hat dann die berühmten Stichworte gegeben: der Mensch als *animal metaphysicum*, radikal endlich und leidend, vom Ganzen der Dinge abgetrennt, herausgefallen aus dem unbewußten Wissen der großen Mutter Natur; »nicht bloß, daß die Welt vorhanden, sondern noch mehr, daß sie eine so trübselige sei, ist das *punctum puriens* der Metaphysik«, – das gilt bis hin zur dialektischen Bestimmung der vollends aufgeklärten Moderne als Schauplatz triumphalen Unheils. Auch heute ist das metaphysische Bedürfnis genau insoweit legitim, als es darauf zielt, die Vernunft zur Vernunft zu bringen. Doch muß es, um sich der Gefahr einer erneuten reaktionären Auferstehung der Metaphysik zu entziehen, einen anderen Schauplatz eröffnen: den Abhub der Erscheinungswelt, das Geringe und Schäbige, den verfemten Teil. Es ist der andere Schauplatz des sich selbst verborgenen Subjekts: das *animal metaphysicum* ist der *homo absconditus*. »Das Ganze der Erfahrung gleicht einer Geheimschrift und die Philosophie der Entzifferung derselben«, so Schopenhauer. Und Adorno wiederholt: »Der Blick, der deutend am Phänomen mehr gewahrt, als es bloß ist, und einzig dadurch, was es ist, säkularisiert die Metaphysik.« So erfragt man Inbegriffe, in denen das Subjekt ›dabei‹ wäre. Entzaubert und verschoben könnte Metaphysik noch einmal Kants Pensum leisten: das eigentliche »Studium des Subjekts«.

Das metaphysische Bedürfnis – muß es befriedigt oder geheilt werden? Denn die Sinnfrage ist ein Krankheitssymptom. Deshalb gilt es, statt Sinnangebote zu suggerieren und Orientierungsansprüche anzumelden, geschichtliche Orientierung über die Frage nach dem Sinn zu geben. Die einzig mögliche Antwort liegt in der Zerstörung der Frage – und zwar durch eine Archäologie der traditionell gegebenen Antworten. Wir brauchen eine sinnasketische Arbeit an der Metaphysik in rückläufiger Bewegung. Entzaubert könnte sie als ›ptolemäische‹ Kompensation der kalten Fremdheit einer wissenschaftsvermittelten Moderne dienen. Entzauberte Metaphysik kann nicht die Sinnlosigkeit nehmen, aber die Angst in ihr. Zumindest: der diffusen Angst Kontur verleihen. Etwa indem sie den Hobbyapokalyptikern unserer Tage den Unterschied von Apokalypse und Panik klarmacht. Entzauberte Metaphysik antwortet nicht. In ihrem prosaischen Kern ist sie Reflexionstraining. Sie schult das Denken als agonales und gottloses. Gerade im Verzicht auf Transzendenz übt sie das Transzendieren ein. Sie zielt auf das Offene, das Nicht-Alles. Deshalb Adornos Solidarität mit Metaphysik im Augenblick ihres Sturzes; deshalb Derridas Dekonstruktionen: Wir hausen in den Ruinen der Metaphysik.

Die Angst vor der Machbarkeit

Die Kernkräfte des Atoms und der Zelle
sprengen die letzten Schutzhüllen
des alteuropäischen Menschen

I.
Günther Anders und die Antiquiertheit des alteuropäischen Menschen

Um 1900 verbreitete sich der Eindruck, daß die westliche Zivilisation in eine finale Phase der Kristallisation eingetreten sei. Ein bloß noch biologisches Auf und Ab ersetze die Geschichte, die Form erstarre zur Formel und der Lebensstil versteinere zum Typus. So hat Spengler den Faust des II. Teils trotzig als Herold der traumlosen Erstarrung begrüßt und die Lehre von der Entropie als säkularisierte Götterdämmerung verstanden. Ist die kristalline Zivilisation erst einmal in ihrem Grundriß fertig, so gibt es keine Geschichte mehr, sondern nur noch die Emergenz des Posthistoire – eine Welt fortwährender Veränderungen, in der nichts anders wird.

Nietzsche hat das neue Biedermeier in der Gestalt des letzten Menschen vorweggenommen. Dieser Schlemihl des Posthistoire verkauft seinen geschichtlichen Schatten, um völlig reibungslos den technischen Raum zu durcheilen. Einer derart absolut gewordenen Gegenwart ist nur noch die reflektorische Haltung totaler taktischer Präsenz gewachsen. Günther Anders hat das technokratische Posthistoire bekanntlich auf die Kampfformel von der Antiquiertheit des Menschen gebracht. Vor der Perfektion der Technik ergreife das Mängelwesen Mensch prometheische Scham darüber, bloß geboren und nicht gemacht zu sein. Und in der Tat: Vergleicht man Individuen mit elektronischen Schaltkreisen, so erweist sich der Mensch zumeist als ein schlampig produziertes, dummes Netz. So hat der Futurologe Lem keineswegs bloß ironisch an seinesgleichen festgestellt, »daß einige von ihnen defekte Schaltkreise des logischen Denkens besitzen, daß anderen Einrichtungen zur Selbstkontrolle fehlen, während es dritten wiederum an der Stabilität ihrer Rückkopplungen mangelt, so daß sie, statt nach einem bestimmten Ziel zu streben, unschlüssig und gedankenlos im Dickicht des Lebens umherirren«.

Günther Anders vermutet im puritanischen Leibhaß und dessen säkularem Nachleben die Triebkraft jenes human engineering, das heute in der Gentechnologie ein großartiges Endstadium ansteuert. Die Philosophen haben den Leib immer nur verschieden interpretiert – den Gentechnikern kommt es darauf an, ihn zu verändern. In den Augen des Apokalyptikers Anders stellt sich dieser Sachverhalt so dar: Das endlich festgestellte Tier homo sapiens, das Nietzsche auf den Namen des letzten Menschen getauft hat, erfindet sich einen Demiurgen, der es zum »Gerät-Sein« verurteilt. Unsere Gefangenschaft im Gestell der modernen Technik wäre demnach also selbstverschuldet – ja mehr noch: selbstgemacht. Ausgangspunkt dieses biologischen Pessimismus ist die literarische Spiegelung der 1828 gelungenen Wöhlerschen Harnstoffsynthese im II.Teil des Faust: der Homunculus. Er ist die eigene Frage des letzten Menschen als Gestalt.

Wo man bisher vom Wesen des Menschen fabulierte, bestimmt Genetik heute dessen Inneres methodisch aus Sachzusammenhängen der Mutation. Deren Prozeßfigur, die explosive Entstehung des Primären, ist nicht historisch, sondern diskontinuierlich. Neue Eigenschaften treten plötzlich, sprunghaft hervor. Man hat von einer Theorie des Durchbruchs gesprochen. Dieser Vorgang verändert den traditionellen Begriff von Wissenschaft im Innersten. Daß der gentechnologisch instruierte Mensch das Buch der Natur umschreiben könnte, scheint in der Tat eine Götterdämmerung der Wissenschaft anzuzeigen. Wie sich Utopie in science fiction längst wissenschaftlich artikuliert, macht nun umgekehrt in der Genetik die Wissenschaft utopisch mobil. Im cloning wird die Anthropologie konkret idealistisch. Sie befreit den Menschen von der Antiquiertheit seines Leibes. Nietzscheanisch formuliert ließe sich sagen: Die grenzenlose Plastizität des geklonten Übermenschen verhält sich zur posthistorischen Fixiertheit des letzten Menschen genau komplementär. Es sind die beiden Seiten derselben Münze eines kybernetisch formalisierten Lebens.

Hier geht es um Formation durch Information. Information ist ja etwas Reales, das doch weder Materie noch Energie ist. Und sie stellt – das ist so bekannt wie entscheidend – das Gegenteil der Entropie dar. Durch die Negentropie des genetischen und, wie wir noch sehen werden, strukturalen Informationsgeschehens verläuft die Evolution des Menschen also gegen den Strich der normalen Naturprozesse.

Die biophysisch durchkalkulierte Selbstherstellung des Menschen stellt die alte Frage nach der Planbarkeit der Freiheit mit äußerster Schärfe. Die 1924 von Spemann und Mangold entwickelte Verpflanzungstechnik hat den mechanistischen Gedanken, die Lebensgesetze seien Variationen der allgemeinen physikalisch-chemischen Gesetze, endgültig desavouiert. Seither reicht der Kampf zwischen Freiheit und Schicksal bis ins Innerste der Zelle. Die schmerzlose Gewalt der Gensteuerung operiert in der kritischen Zone zwischen informationstheoretischer Interpretation des Biologischen und den Handgreiflichkeiten der Züchtung. Martin Heidegger bemerkt einmal sehr schön: »Wir brauchen keine Naturphilosophie, sondern es genügt, wenn wir uns darüber klar werden, woher die Kybernetik kommt und wohin sie führt«. Deshalb sind die modischen Horror-Visionen gentechnischer Selbstherstellung nur Symptom einer Existenz im Zeitalter der In-Formation.

Unser Leben ist einem Befehlstext einbeschrieben. Chromosomen lassen sich ja als ein Gesetzbuch verstehen, das selbst Exekutivkraft hat – als wirkende Schrift. Der Informationsgehalt einer Erbsubstanz macht sie biologisch aktiv. So zirkulieren innerhalb eines Embryos Informationen, deren innere Rückkopplungen seine Entwicklung formieren. Die befruchtete Eizelle funktioniert also wie eine Bauanleitung, die als System von Rückkopplungen diesen

Aufbau zugleich realisiert. Man hat deshalb die Zygote einmal als lernfähige Bauanleitung charakterisiert.

Bekanntlich ist es 1953 gelungen, diese Zusammenhänge in einem schlüssigen Modell zu erhellen: der DNS-Struktur Doppelhelix. Das Modell stellt das Gen in seiner Fähigkeit zur Reproduktion, Rekombination und funktionellen Steuerung des Stoffwechsels dar. Überdies zeigt es, wie das Gen seine Information als Funktionsbefehl an den Organismus weitergibt. Auf dieser Basis ist es der kybernetischen Biologie möglich, das menschliche Verhalten vollständig zu formalisieren. Und zwar subsumiert die Genetik die Phänotypen einer allgemeinen Logik des Austauschs.

Die strukturale Anthropologie hat uns das ja an den Heirats- und Verwandtschaftsregeln deutlich gemacht – Gene werden hier genau so wie Frauen Güter und Informationen einem regelgeleiteten Tauschspiel unterworfen. Sie alle unterliegen gleichermaßen der determinierenden Kraft einer antiphysischen Kombinatorik. Diese fundamentalen Tauschvorgänge liegen auf dem Niveau des Bündnisses, das antiphysisch deshalb heißt, weil es der natürlichen Generierung entgegengesetzt ist. Die elementaren Strukturen des Sozialen lassen sich also nur in einer Kombinatorik formulieren. Der kybernetische Entwurf der Welt als Regelkreis erlaubt es nun, das, was die Philosophen einmal Subjekt-Objekt-Beziehung genannt haben, als Rückkopplung des Regelkreises Mensch-Welt zu deuten. Und die Genetik erfaßt in der Keimzelle den Punkt der Berechenbarkeit des Humanum.

Mit Recht hat Heidegger diesen Einbruch in die Genstruktur mit der Atomzertrümmerung verglichen. Er scheidet zwei Weltalter: das Ante des noch nicht festgestellten Tiers homo sapiens (– und es wird sich zeigen, daß Hans Jonas sich genau an diese unspezialisierte Nichtfestgestelltheit als »wesentliche Tugend« menschlichen Seins klammert –) und das Post des posthistorischen Tiers, das seine eigene Evolution lenkt. Ist der genetische Code erst einmal dechiffriert, so läßt sich der Text des Lebens neu schreiben. Von dieser Möglichkeit der Selbstprägung heißt es schon bei Nietzsche: »Die Menschheit ist bloß das Versuchsmaterial, der ungeheure Überschuß des Mißratenen: ein Trümmerfeld.« Das heißt im Klartext: Nietzsche sieht sich schon in einem Zeitalter von trial and error, wo in der Retorte Erde mit dem Menschenmaterial experimentiert, mit dem Gen-Kapital gewuchert wird.

Gemeinsam mit der Atomphysik startet die Gentechnik einen Zangenangriff auf den alteuropäischen Menschen. Wenn es so etwas wie das philosophische Projekt der Moderne gibt, so vollendet es sich hier in der technischen Vergegenständlichung des Lebendigen. Sie impliziert, daß sich das Lebendige vom Toten nur graduell unterscheidet, sofern es lediglich eine höhere Komplexitätsstufe der Organisation erreicht hat. ›Leben‹ ist also gegenüber ›Organisation‹ der engere, untergeordnete Begriff. Der Mensch ist hier zugleich Schöpfer und Rohstoff. Ganz unmetaphorisch stellt er zweite Natur her. In seiner gentechnischen Selbstherstellung ersetzt die *techne* die *physis*. So ergreift das Subjekt der Moderne neben der Atombombe im cloning die zweite technische Möglichkeit, sein sog. Wesen radikal in Frage zu stellen.

II.
Hans Jonas und das Lob der Ignoranz

Längst sind wir aus der Geschichte des falschen Bewußtseins und der ihm antwortenden Ideologiekritik ausgetreten. Denn heute setzt sich die Disziplinarmacht im Medium humanwissenschaftlicher Diskurse durch, die – sei's gentechnisch, sei's psychotechnisch – unmittelbar praktisch werden. Was Michel Foucault bio-pouvoir genannt hat, übernimmt die Verantwortung für unser Leben, indem sie der Macht Zugang zum Körper verschafft. Die Modifizierbarkeit des menschlichen Lebens ermöglicht eine neue, spezifisch posthistorische Machttechnik: die Normalisierung. In dieser Perspektive erscheint auch der Horror der eugenischen Praktiken im NS als Symptom einer allgemeinen Durchmachtung des Menschenleibes.

In diesen, nämlich politischen, Koordinaten müßte sich m.E. jede sinnvolle Kritik am Angriff auf die Kerne von Atom und Zelle orientieren. Um so steriler aber muß umgekehrt jede bloß ethische Kritik bleiben, die, wie die Kritik von Hans Jonas, vor der »Wildnis der Politik« zurückschaudert. Weil er nichts von der konkreten Bio-Politik der Moderne weiß, knüpft er die Frage nach Macht und Verantwortung an soziologische Phantasmen wie das »ganze große, als Ganzes handelnde Super-Subjekt, die heutige technisch-zivilisierte Menschheit«. Doch sehen wir näher zu.

Es ist heute schon zu einer interessanten Selbstverständlichkeit geworden, daß man Menschen nicht nur Pflichten gegen seinesgleichen, sondern gegen die ganze Menschheit zumutet. Das »Prinzip Verantwortung« überlastet die Ethik mit dem größten aller möglichen Gegenstände: der Zukunft der Menschheit – wobei es im Kern um das Daß einer Zukunft überhaupt geht, also ums Überleben. Diese interessante Mythologie einer kosmischen Verantwortung für das Leben im ganzen resultiert daraus, daß Jonas den technischen Stand der Dinge immer so darstellt, daß er einen unmittelbar theologischen Charakter bekommt: Nicht Gott sondern die Technik bekleide den Menschen mit dem Amt, der »Wächter der Schöpfung« zu sein. Das »Prinzip Verantwortung« entspringt also dem rein religiösen Bedürfnis, inmitten der entzauberten Welt das »Mysterium« des Humanen wieder zu Geltung zu bringen; es steht und fällt mit dem physikotheologischen Phantasma, der Mensch sei – und ich zitiere Jonas wörtlich: »Mandatar eines Wollens der Natur«. Die religiösen Intimkenntnisse dieses Wollens verleihen dann die Lizenz zur ethischen Kritik des Wissenschaftsprozesses. Und ganz offensichtlich will die Natur den gentechnischen und atomphysikalischen »Vorstoß in den Kern« nicht.

Die religiöse Grundstruktur des alteuropäischen Humanismus wird in Hans Jonas' Ethik überdeutlich: Das »Prinzip Verantwortung« ist zentriert um die Begriffe von Furcht und Tabu, um das Humanum und das Heilige. Das von der Gentechnik angetastete Tabu über die menschliche Konstitution wird dabei zum archimedischen Punkt eines Generalangriffs gegen die wissenschaftliche Entzauberung der Welt. Und dieser Humanismus ist stets bereit, in Fundamentalismus umzukippen – so fordert Jonas ausdrücklich: »Unsere so völlig enttabuisierte Welt muß angesichts ihrer neuen Machtarten freiwillig neue Tabus aufrichten.« Was ein ›freiwilliges Tabu‹ sein soll, bleibt natürlich unerfindlich.

Offenbar meint Jonas mit ›freiwilligen Tabus‹ Praktiken, die uns das Fürchten lehren. Denn Angst ist der Kompaß seiner Ethik: Wir sollen uns fürchten vor dem, was wir können. Und das ist einer der entscheidenden rhetorischen Tricks des »Prinzips Verantwortung«: Jonas deutet die blinde Angst vor der Machbarkeit in die »sehende Furcht« vor dem Menschenmöglichen um. Der Mensch ist sich hier selbst zum bösen Demiurgen geworden, gegen den er tabuistische Sicherheitsvorkehrungen treffen muß. M.a.W.: Der Mensch mit seinen technischen Möglichkeiten wird zum letzten und eigentlichen Feind der Menschheit stilisiert. Explizit spricht Jonas von einer »Ethik der Furcht vor unserer eigenen Macht«. Eine Angstkultur soll das naturwissenschaftlich-technische Wissen der Gegenwart vermenschlichen. Damit wird Furcht zur ersten Bürgerpflicht.

Angstrhetorik ist unwiderlegbar. Deshalb wird der Diskurs des »Prinzips Verantwortung« nicht enden. Doch man kann ihn analysieren. Wie immer in religiösen Systemen deuten Furcht und Tabu auf den Kernbestand des Heiligen. Ich will hier nicht der Versuchung nachgeben, mich über Formeln wie »erhabene Einsamkeit von Hingabe und letzter Selbstwahl« lustig zu machen. Sachlich stellt sich für Jonas das Problem, das Heilige zu rehabilitieren, ohne doch noch auf den Gott der Juden oder Christen zurückgreifen zu können – wir brauchen das Heilige, weil wir wieder Furcht und Zittern, Scheu und Ehrfurcht brauchen. Nun ist es alte Philosophentradition, die vakant gewordene Stelle Gottes durch ein neues Phantasma umzubesetzen – das Humanum. Der Mensch selbst wird zum letzten Garanten des Absoluten. Humanum, Lebenssinn, Menschenwürde und imago dei sind verschiedene Namen dieses Phantasmas, das die Philosophen schon immer deshalb entzückt hat, weil man es »nach Kriterien des Wesens« befragen kann – und daher, wie Jonas treuherzig bekennt, »frei vom Rätselspiel der Zahlen«.

Der Vorstoß in den Kern von Zelle und Atom verleihe dem Menschen eine demiurgische Freiheit, die alteuropäische Normen und Menschenbild außer Kraft setze. Immer wieder spricht Jonas vom gentechnischen Frevel am Bild des Menschen, vom Bruch mit seinem Wesen. Und entsprechend stellt er der Philosophie die »kosmische Aufgabe«, sich dieses Bildes und dieses Wesens wieder zu besinnen – und d. h. das humanistische Menschenbild wieder als unüberschreitbares Tabuschema technischen Handelns aufzurichten. Was allerdings Ehrfurcht vor einer imago dei ohne Gott besagen soll, bleibt ebenso unerfindlich, wie die Bedeutung freiwilliger

Tabus. Das Humanum wird bei Jonas zum Fetisch eines Gegenzaubers gegen die entzauberte Welt der Wissenschaften. Da ist es auch ganz konsequent, daß er, wie im Mittelalter, die Neugierde in den Lasterkatalog aufgenommen sehen möchte. Wer entscheidet aber über die Unterscheidung, die Jonas innerhalb des Willens zum Wissen trifft? Wer soll Erkenntnis, die »zum Adel des Menschen gehört«, von »bloßer Neugierde« trennen? Das läuft allerwege aufs Denkverbot, zumindest aber auf einen hartnäckigen Willen zum Nichtwissen hinaus – den nennt man bekanntlich Ignoranz. Und in der Tat propagiert Jonas, im Gegenzug zum neuzeitlichen Prozeß der theoretischen Neugierde, ein Bündnis von theoria und Ignoranz. Ignoranz wird dem zum unverzichtbaren Grundrecht, der sich authentisches Selbstsein nur aus einer Freiheit konstruieren kann, die im Kern nichts anderes ist als die Unwissenheit über die eigene Bedingtheit. Positiv ausgedrückt: Die Echtheit einer humanen Existenz ist für Jonas ihr Geheimniszustand. So formuliert er das Gebot: »Niemals darf einem ganzen Dasein das Recht zu jener Ignoranz versagt werden, die eine Bedingung der Möglichkeit authentischer Tat, d. h. der Freiheit überhaupt ist.« Das Grundrecht der Ignoranz soll unser prometheisches Leiden heilen: daß wir zu viel wissen. Der Wille zum Nichtwissen wird von Jonas als Mittel einer asketischen Ethik eingesetzt, der es schließlich gelingen soll, die Pandorabüchse der Wissenschaften unter Verschluß zu halten. Mit dem Phantasma des alteuropäischen Humanum erspart sich Jonas immer wieder die entscheidende Frage Quis judicabit. Wenn er etwa über das cloning dekretiert: »Es besteht kein echtes legitimes Wissensinteresse, an dieser Stelle weiterzugehen«, so wäre es natürlich interessant zu wissen, wer über die Legitimität von Wissensinteressen entscheidet. Offenbar ein »Bild des Menschen«...

Jonas' asketische Ethik des Wissens muß letztlich auf einen Paradigmenwechsel des denkenden Weltverhaltens drängen: zurück aus dem neuzeitlichen Dispositiv von Technik und Erkenntnis zur antiken Kontemplation. Um keinen geringeren Preis läßt sich Macht noch einmal von Ehrfurcht umbesetzen.

III.
Martin Heidegger und die heilsame Verrücktheit der Philosophie

Es gibt die atomare Drohung, aber sie ist nicht das eigentlich Unheimliche; wir leben in einer Welt tödlicher Maschinen, aber sie stellen nicht die eigentliche Bedrohung dar – das ist das Grundmuster der Heideggerschen Reflexionen zur Angst vor der Machbarkeit. Dem Spektakulären der atomaren Drohung setzt er die Frage nach dem Geheiß entgegen, das in der Prägung unseres Zeitalters durch die Freisetzung von Atomenergie liegt. Das eigentlich Unheimliche sieht er im Unvorbereitetsein für diese Weltveränderung, die sich im technokratischen Angriff auf das Wesen des alteuropäischen Menschen Bahn bricht. »Denn, so Heidegger, gerade wenn die Wasserstoffbomben nicht explodieren und das Leben des Menschen auf der Erde erhalten bleibt, zieht mit dem Atomzeitalter eine unheimliche Veränderung der Welt herauf.« Was wir an Naturkatastrophen kennen und uns als das Katastrophale eines atomaren Schlagabtauschs vorstellen können, ist für Heidegger »ein Nichts an Unheimlichkeit« gegenüber dem Irrläufer der Moderne: dem sich selbst technologisch verstehenden Menschen. Die Blockade der Erfahrung dieser eigentlichen Gefahr organisiert sich im unaufhörlichen Gerede vom Untergang. Die gegenwärtige Konjunktur des Apokalyptischen und die aktuellen Variationen über den Untergang des Abendlandes verstellen die Möglichkeit des Denkens.

In seiner Endphase geht der Humanismus ins Denkverbot über. Auf dem vorgeschobensten Posten des Moralismus hat Günther Anders das ganz klar ausgesprochen: Wo vom Tode Bedrohte auf Rettung warten, ist keine Zeit zum Denken. »Wir haben bewußt darauf zu verzichten, religionsphilosophisch bis zu den Wurzeln vorzustoßen. Tiefsinn verboten.« Aus dem lähmenden Entsetzen vor dem Medusenhaupt des atomaren Schreckens extrapolieren die Apokalyptiker ein Zukunftsbild der Welt, das doch nach denselben Gesetzen komponiert ist, die sie im Namen des Menschenlebens bekämpfen.

Die Konjunktur der Katastrophentheorien ist selbst ein Symptom für die Hilflosigkeit eines Denkens, das, weil es selbst am Ende ist, die Wirklichkeit am Ende sieht und nun unaufhörlich ums Bild der Katastrophe kreist. Dieser Gedanke findet seine schärfste Formulierung in einer philosophischen Bemerkung aus dem Jahre 1946, die alle Nuklearpazifisten als »Auswurf der Intelligenz« denunziert: »Die hysterische Angst, die die Öffentlichkeit jetzt vor der Atom-Bombe hat, oder doch ausdrückt, ist beinahe ein Zeichen, daß hier einmal wirklich eine heilsame Erfindung gemacht worden ist. Wenigstens macht die Furcht den Eindruck einer wirklich wirksamen bittern Medizin. Ich kann mich des Gedankens nicht erwehren: wenn hier nicht etwas Gutes vorläge, würden die Philister kein Geschrei anheben.« Und Ludwig Wittgenstein, dem dieser Klartext zu danken ist, folgert, »daß die Bombe das Ende, die Zerstörung eines gräßlichen Übels, der ekelhaften, seifenwäßrigen Wissenschaft, in Aussicht stellt. Und das ist freilich kein unangenehmer Gedanke.«

Das gebannte Starren auf die Bombe, die doch das Spitzenprodukt des technischen Zeitalters ist, deutet Heidegger als Symptom dafür, daß diese Epoche, die ja durch absolute Machbarkeit in grenzenloser Betriebsamkeit charakterisiert ist, in ihrer inneren Antriebsstruktur nicht selbst vom Menschen gemacht ist – und eben deshalb erscheine sie uns unheimlich. Heidegger verrückt die Perspektive also so, daß der Mensch nicht als Produzent der Bombe, sondern als Prothese der atomaren Technik erscheint. Ist aber die beschleunigte Technizität der Moderne kein bloß von Menschen Gemachtes, so kann sie auch nicht »durch ein auf sich gestelltes menschliches Tun« überwunden werden. Statt dessen solle die Wunde, die die Technik dem Menschen schlug, statt sie durch apokalyptisches Gerede zu betäuben, offengehalten werden, bis ihr Schmerz verwunden ist. Wie diese Verwindung zu denken sei, deutet Heidegger meist nur orakelhaft an. Lediglich die Forderung, das Wesen des Menschen habe sich dem Wesen der Technik zu öffnen, statt sich nur affirmativ zur technischen Welteinrichtung zu verhalten, gibt einen konkreten Hinweis: Verwindung heißt »unbedingte Verwirklichung dieses Geistes« neuzeitlicher Maschinentechnik.

Heidegger sieht die Moderne radikal im Zeichen der Kybernetik. Der kybernetische Weltentwurf unterstellt vorgreifend, daß der Grundzug aller berechenbaren Weltvorgänge die informationsvermittelte Steuerung sei. Insofern nun der gesteuerte Vorgang sich seinerseits auf den ihn steuernden zurückmeldet und ihn so informiert, hat die Steuerung den Charakter der Rückkopplung von Informationen. Auf diesem Regelkreis beruht die Automation von Bewegungssystemen. Aus dieser Perspektive des Prozessierens von Information schwindet der Unterschied zwischen Automaten und Lebewesen.

Gefangene der modernen Technik sind wir aber nur, solange wir sie nicht als Gestalt unserer eigenen Frage anerkennen. Im kybernetischen Weltentwurf ist das alteuropäische Vorstellen am Ende, weil es dem Herstellen, also der Machbarkeit, nicht mehr gewachsen ist. Das war es ja eigentlich, was Günther Anders vexiert hat; der Vorstoß in den Kern von Zelle und Atom ist für ihn das Menetekel der totalen Machbarkeit: technische Selbstherstellung und Selbstvernichtung. Wo aber Anders ein Denkverbot, Jonas ein neues Tabu aufrichten möchte, fragt Heidegger nach dem Denken, das diesem technischen Stand der Dinge gewachsen wäre.

Entscheidend ist dabei die Einsicht, daß die Jeremiaden über Genmanipulation und atomare Drohung die Möglichkeit gerade verstellen, die Bedeutung des Vorstoßes in den Kern zu erfassen. Denn auch und gerade wenn die Pazifizierung des Atomaren gelänge und freiwillige Tabus die Unberührbarkeit des Zellkerns schützen würden, hätte sich doch nichts an der metaphysischen Vorherrschaft der technischen Welt geändert. Wem das zu philosophisch klingt, der sollte immerhin wissen, daß Heidegger sich gerne den rhetorischen Selbsteinwand gemacht hat, es sei verrückt, sich inmitten der atomaren Drohung um scheinbar verzweifelte Abstraktionen wie die Seinsverlassenheit zu kümmern. Doch diese Verrücktheit ist ja die Bedingung des Denkens, solange Technokraten und Apokalyptiker in komplementärer Weise technisch über Technik reflektieren. Um den Fortschritt ins kybernetische Zeitalter zu denken, bedarf es eines Rückschritts heraus aus dem alteuropäischen Vorstellen. Und durch einen solchen Rückschritt in die Geschichte der Metaphysik läßt sich der Fortschritt ins kybernetische Zeitalter als Vollendung des Projekts der Moderne interpretieren. Mit Hiroshima beginnt für Heidegger deshalb kein neues Zeitalter, keine Endzeit, sondern die Vollendung der Moderne durch die Raketentechnik. Die Bombe ist die eigene Frage der Moderne als Drohung. Und die alteuropäische

Philosophie endet im Wissen um die Steuerungsmechanismen der technischen Welt. Das Bedürfnis ihrer Fragen stirbt ab und macht der Information Platz.

IV.
Der lange Abschied vom Humanum: Geistmensch – Unmensch – Übermensch

Um 1800 rückt der Mensch sein Leben als Subjekt in die Bezugsmitte der Welt. Dem entspricht genau, daß es der Mensch (sich) von nun an untersagt, Dingbegriffe auf sein Wesen anzuwenden: Transzendentalphilosophie beschreibt den Menschen als selbstbezügliches und sich selbst Gesetze gebendes Bewußtsein. »Und nun«, sagt Niklas Luhmann einmal sehr schön – »und nun mußte der Mensch sozusagen selbst wissen, ob er unsterblich sei oder nicht.«

Diese anthropologische Engführung des Weltwissens ersetzt die theologische Logik des gefallenen Seins (Erbsünde) und bildet eine spezifisch philosophische Disziplin, die sich nicht auf eine empirisch naturwissenschaftliche Erforschung des Menschen reduzieren läßt. Daß sich um 1800 Anthropologie als Grundwissenschaft konstituiert, markiert nicht etwa eine ›humanistische‹ Wende der neuzeitlichen Philosophie, sondern umgekehrt: »Der Humanismus im engeren historischen Sinne ist, so Heideggers harte These, nichts anderes als eine moralisch-ästhetische Anthropologie.«

Es ist nun die Pointe von Heideggers Argumentation, daß die Anthropologie als neue Grundwissenschaft gar nicht nach dem Wesen des Menschen fragen kann, weil sie sich ja konstituiert hat, um seine Selbstbehauptung als Subjekt zu sichern, und deshalb schon wissen muß, was der Mensch ist. So verstellt die Lehre vom Menschen die Frage nach ihm. In der aus dem Gesamtprojekt *Sein und Zeit* ausgekoppelten Schrift *Kant und das Problem der Metaphysik* heißt es hierzu: »Nicht die Antwort gilt es zu suchen auf die Frage, was der Mensch sei, sondern es gilt, allererst zu fragen, wie denn in einer Grundlegung der Metaphysik überhaupt nach dem Menschen allein gefragt werden kann und muß.« Die Pointe dieser Überlegung ist natürlich die, daß die Frage nach dem Menschen gar keine anthropologische Frage sein kann.

Um nun aber zu verstehen, wie die Frage nach dem Menschen selbst fraglich werden konnte, muß man sie auf den Ursprung des modernen anthropologischen Denkens rückbeziehen. In der Einleitung zu seinen Vorlesungen über Logik erläutert Kant den Weltbegriff der Philosophie in den vier berühmten Fragen:

Was kann ich wissen?
Was soll ich tun?
Was darf ich hoffen?
Was ist der Mensch?

Metaphysik gibt demnach Auskunft über das Wissbare, Moral über das gebotene Handeln und Religion über das Erhoffbare. Kant sagt nun aber: »Im Grunde könnte man alles dieses zur Anthropologie rechnen, weil sich die drei ersten Fragen auf die letzte beziehen.« Damit lädt Kant aber der Anthropologie das gesamte metaphysische, ethische und theologische Pensum auf. Der gemeinsame Bezugspunkt dieser Fragen ist die radikale Endlichkeit des Menschen und die ihr entsprechende endliche Vernunft. Es ist deshalb kein zufälliges zeitliches Zusammentreffen, sondern zeugt von einem genauen systematischen Zusammenhang, daß Kant seine Vorlesungen über Anthropologie in pragmatischer Absicht genau in der Zeit hielt, da sich sein Programm der Kritik entfaltete. Die Wende zur Anthropologie steht im Kontext des Kritizismus.

Auf Heideggers Spuren ist Michel Foucault zu einer umfassenden Kritik der Anthropologie vorgestoßen. Auch Foucault markiert um 1800 eine Kluft zwischen dem klassischen Denken (– und Klassik heißt bei Foucault immer 17. Jahrhundert, entspricht also eher unserem Barock –) und der Moderne. Die bis zum Ende des 18. Jahrhunderts noch selbstverständliche Ordnung der Dinge durch die Kräfte der Sprache und Repräsentation weiche neuen Ordnungsprinzipien: Die Dinge werden historisiert, und der Mensch betritt zum ersten Male das Feld des abendländischen Wissens – »un simple pli dans notre savoir«, nennt ihn Foucault. Und dem Leser seiner großartigen Archäologie der Humanwissenschaften *Les mots et les choses* wird rasch deutlich, daß er mit der gebetsmühlenhaft wiederholten Formel, der Mensch sei eine ganz junge Erfindung, eine ganz konkrete Verheißung verknüpft: Der Mensch, diese »étrange figure du savoir«, werde alsbald in einer neuen Form des Wissens verschwinden.

Um ein hier weit verbreitetes Mißverständnis gar nicht erst aufkommen zu lassen, will ich ausdrücklich betonen, daß Foucaults Polemik gegen Den Menschen natürlich nicht gegen die menschlichen Wesen zielt. Er kennt »les êtres humaines, mais pas l'homme«. Vor dem Ende des 18. Jahrhunderts existiert Der Mensch nicht; er ist ein ganz junges Machwerk der »démiurgie du savoir«. Von nun an erst gibt es ein erkenntnistheoretisches Bewußtsein vom Menschen – frühere Menschenkenntnis war nicht wissenschaftsförmig. Im klassischen Denken des 17. Jahrhunderts waren die Dinge und ihre Repräsentationen noch in einem gemeinsamen Diskurs aufgehoben, aus dem die Natur des Menschen nicht herausfiel; deshalb konnten sich im Barock trotz aller subtilen Affektenlehren und Theorien der *passiones* keine Humanwissenschaften ausdifferenzieren. Erst mit dem Beginn der Moderne entstehen dann als Zerfallsprodukte dieses »discours commun de la représentation et des choses« die Biologie, die Ökonomie und die Philologie, von denen dann die Humanwissenschaften ihre Wissenschaftsmodelle beziehen werden. Zugleich aber erscheint der Mensch auf dem Feld des Wissens – und zwar in charakteristischer Zweideutigkeit: als *souverain soumis*, d. h. als unterworfener Herrscher, und als beobachteter Beobachter, *spectateur regardé*.

Der Endlichkeit des Menschen entspricht genau die Positivität des Wissens von ihm. Das heißt: Das endliche Wissen des und vom Menschen bleibt in den Positivitäten von Sprache, Arbeit und Leben befangen. Aus dieser Einsicht ergibt sich eine prägnante Definition von Modernität: Modern im spezifisch philosophischen Sinne ist es, die Endlichkeit des Menschen in ihrer unendlichen Selbstbezüglichkeit zu denken. Weil der Mensch somit als das Sein auftritt, an dem allein sich erkennen läßt, was Erkenntnis überhaupt möglich macht, nennt ihn Foucault ein »étrange doublet empirico-transcendental«. Das soll besagen, daß der Mensch, der an seiner eigenen Endlichkeit den Grund aller Erkenntnis zu sichern glaubt, zum Doppelgänger seiner selbst wird: Als empirisches, endliches Wesen soll er zugleich Bedingung der Möglichkeit von Erkenntnis sein. Damit aber überbordet das Sein des Menschen sein Denken – das macht ihn zum

Ort der Verkennung. Der französischen Sprache ist hier ein Wortspiel möglich, das diesen Zusammenhang prägnant resümiert: me connaître = méconnaître – sich selbst erkennen heißt verkennen.

Halten wir noch einmal fest, daß auch für Foucault Kant den Ursprung der anthropologischen Wende markiert. Mit der Frage ›Was ist der Mensch?‹ habe Kant die klare kritische Trennung zwischen Empirischem und Transzendentalem wieder konfundiert. Und nun sind wir bei der berühmt gewordenen Schlüsselthese der Archäologie der Humanwissenschaften: Kant, der die Philosophie aus ihrem dogmatischen Schlummer geweckt hat, versetzt sie jetzt in einen anthropologischen Schlaf – denn er erhebt die empirischen Erkenntnisse vom Menschen zur Instanz einer »vérité de toute vérité«. Deshalb ist es nichts mit der Wissenschaft vom Menschen. Denn auch die – antiphrastisch so genannten – Humanwissenschaften des 20. Jahrhunderts beerben Kants empirisch-transzendentale Verdoppelung des Menschen. Der spezifische Grund dafür, daß der Mensch zur »domaine positif du savoir« wird, begründet auch, daß er nicht »objet de science« werden kann.

So weit die homologen Analysen Heideggers und Foucaults zur anthropologischen Wende der Moderne. Betrachten wir nun die entscheidenden Spiegelungen dieser Wissens(trans)formation im philosophischen Bild des Menschen. Nachdem Kant sein kritisches Geschäft mit einer Anthropologie zur Analytik der Endlichkeit verschränkt hatte, ist es Hegel noch einmal gelungen, alle Menschenkenntnis und frühneuzeitliche Anthropologie in Geschichtsphilosophie zu resorbieren. Für Hegel ist Anthropologie einfach deshalb kein philosophisches Pensum, weil die Frage ›Was ist der Mensch?‹, soweit sie mehr erfragt als das System seiner Bedürfnisse, nur eine Antwort finden kann: Geist. Allein in der Trennung von seinem natürlichen Ursprung findet der Mensch seinen geistigen Ursprung. Hegels Geistmensch ist *antiphysis*. Der Geist der Entfremdung des natürlichen Seins definiert seine wahre Natur. Hegel hat aber nicht nur die frühneuzeitliche Anthropologie in Geschichtsphilosophie aufgehoben, sondern auch diese Geschichtsphilosophie bis zum Punkt ihrer modernen Krise getrieben, wo sich eine erneute anthropologische Wende abzeichnet. Romantische Ästhetik versteht sich als Lehre vom Menschen. Dem Romantiker wird die ganze Welt zum Anlaß, zur günstigen Gelegenheit für das souveräne Subjekt; er versteht Freiheit als jederzeitige Möglichkeit zu einem neuen Anfang und versetzt alles Wirkliche in einen Schwebezustand. Im Hintergrund dieser Konzeption steht Kants Theorie vom freien Spiel der Gemütsvermögen, in dem der Gegenstand nur noch Anlaß einer allmächtigen Reflexion ist. Die romantische Welt ist eine ästhetisch säkularisierte Schöpfung aus Nichts. Das gilt zumal für das Sein des Menschen. »Wir sind gar nicht Ich, sagt Novalis; wir können und sollen aber Ich werden. Wir sind Keime zum Ich werden.« Der ganze Mensch tritt in Gegensatz zum bloß philosophisch konstituierten Menschen. »Ich ist kein Naturprodukt – keine Natur – kein historisches Wesen – sondern ein artistisches – eine Kunst – ein Kunstwerk.« Die anthropologische Wendung des romantischen Denkens vollzieht sich also in einer strikt ästhetischen Engführung. Das höchste Allgemeine ist für die Romantik nicht das Resultat einer Abstraktion, sondern Individualität – dafür gibt es aber nur ein Modell: die Einheit des Kunstwerks.

So nimmt die anthropologische Wende des romantischen Denkens zentrale Motive der junghegelianischen Kritik an Hegels Geistmensch vorweg. Hegels Geistmensch markiert das Ende und den Höhepunkt der metaphysischen Bestimmung des Menschen. Seither heißt Anthropologie: Analytik des sich auf sich beziehenden endlichen Menschen. Feuerbach bezieht erstmals explizit diese Position – die Position des endlichen, sterblichen Menschen, die zum archimedischen Punkt einer Zukunftsphilosophie werden soll. Nachdem der Protestantismus die Menschwerdung Gottes in Christus zur Vermenschlichung Gottes zugespitzt hatte, blieb innerhalb des christlichen Diskurses noch ein weiterer Schritt zu tun: an Stelle des Gottmenschen den endlichen Menschen selbst als wahres Wesen des Christentums zu inthronisieren. Formelhaft ließe sich sagen: Feuerbachs Anthropologie säkularisiert den Protestantismus.

So lautet einer der Grundsätze der Philosophie der Zukunft von 1843: »Die neue Philosophie macht den Menschen mit Einschluß der Natur, als der Basis des Menschen, zum alleinigen, universalen und höchsten Gegenstand der Philosophie – die Anthropologie also, mit Einschluß der Physiologie, zur Universalwissenschaft.« Wenn Feuerbach den sterblichen, endlichen Menschen an Stelle des Gottmenschen zum wahren Wesen des Christentums erhebt, bleibt natürlich die umgekehrte Lesart genau so evident: daß nämlich diese atheistische Thronerhebung des Menschen nur das letzte Inkognito des Christenglaubens selbst ist. Eben das hat Max Stirner den junghegelianischen Emanzipationsprogrammen entgegengehalten. Stirner entlarvt den Atheismus als hartnäckigste Form der Frömmigkeit: Im Lehens-System irdischer Existenz werde lediglich die vakant gewordene Systemstelle des christlichen Gottes durch Den Menschen umbesetzt. Immer wieder betont Stirner, daß der »ungeheure Lehnsstaat« der Moderne den Einzelnen im Namen des Menschen enteignet. Er geißelt das »humane Prinzip« als neuen Feudalismus und Radikalgestalt des christlichen Zeitalters: Christus ist sein terminus a quo, Der Mensch ist der terminus ad quem.

Max Stirners Einziger und sein Eigentum wollen deshalb das herauspräparieren, was am Ich mehr ist als Mensch: seine Absonderlichkeit. So fragt er nicht wie Kant: ›Was ist der Mensch?‹, sondern: Wer? Denn die Frage nach dem Begriff des Menschen verstelle die Person. Und Stirners Maxime ist nicht die apollinische des ›Erkenne dich selbst!‹, sondern: »Verwerte Dich!« Aus der Perspektive Des Menschen muß dieser radikale Entschluß zur Eigenheit natürlich als Unmenschlichkeit erscheinen. Und in der Tat geizt Stirner nicht mit nihilistischen Formeln, die sein Projekt einer Austreibung des humanistischen Geistes vorantreiben sollen – sein Werk endet in einer Apotheose des nichtigen Ichs als eines »schöpferischen Nichts«, des sich selbst verzehrenden Schöpfers seiner selbst. Stirners Werk ist ein Attentat auf das christliche Zeitalter und sein Dynamit ist der Nihilismus. Das hat Karl Löwith sehr schön gesehen. In seinem Buch über den revolutionären Bruch im Denken des 19. Jahrhunderts heißt es zu Stirners Eigen-Sinn: »Das ›Ich‹ ist das nichtige Ende der christlichen Humanität, deren letzter Mensch ein ›Unmensch‹ ist, so wie ihr erster ein ›Übermensch‹ war.«

Mit hoher Absicht beschwört Löwiths Charakteristik hier Kontexte, die dann von Nietzsche aufgefüllt werden. Doch Stirner, den Nietzsche offenbar nicht kannte, hat nicht nur eine Schlüsselstellung auf dem für das 19. Jahrhundert entscheidenden Weg von Hegel zu Nietzsche inne – er antizipiert dessen Kampf gegen die christliche Welt mit einer erstaunlichen, oft bis ins Wörtliche gehenden Präzision. Und wie einer der scharf geschliffenen Aphorismen aus der Fröhlichen Wissenschaft klingt die Überlegung, mit der Stirner die Zweite Abteilung seines Hauptwerks *Der Einzige und sein Eigentum* einleitet: »An dem Eingange der neuen Zeit steht der ›Gottmensch‹. Wird sich an ihrem Ausgange nur der Gott am Gottmenschen verflüchtigen, und kann der Gottmensch wirklich sterben, wenn nur der Gott an ihm stirbt? Man hat an diese Frage nicht gedacht und fertig zu sein gemeint, als man das Werk der Aufklärung, die Überwindung des Gottes, in unsern Tagen zu einem siegreichen Ende führte; man hat nicht gemerkt, daß der Mensch den Gott getötet hat, um nun – ›alleiniger Gott in der Höhe‹ zu werden. Das Jenseits außer Uns ist allerdings weggefegt, und das große Unternehmen der Aufklärer vollbracht; allein das Jenseits in Uns ist ein neuer Himmel geworden und ruft Uns zu erneutem Himmelsstürmen auf: der Gott hat Platz machen müssen, aber nicht Uns, sondern – dem Menschen. Wie mögt Ihr glauben, daß der Gottmensch gestorben sei, ehe an ihm außer dem Gott auch der Mensch gestorben ist?«

Was Stirner Nietzsche vorgedacht hat, ist eben dies: daß wir Gott nicht loswerden, so lange wir noch an den Menschen glauben; daß uns gerade das humanistische, aufgeklärte Denken endgültig ans Koordinatenkreuz des christlichen Zeitalters zu nageln droht.

Dabei bleibt Nietzsche nicht stehen. Seine Frage lautet im Kern: Wie kann der Mensch des 19. Jahrhunderts umgedichtet werden? Mit dem Hammer philosophieren heißt nun: den Götzen Mensch zertrümmern, um das in ihm verborgene Bild zu befreien – so wie der Bildhauer den Steinblock zertrümmert, um die in ihm schlummernde Plastik zu erwecken. Doch das Bild muß noch weiter kompliziert werden, denn der dionysische Bildhauer des Zukunftsmenschen ist selbst ein Mensch des 19. Jahrhunderts. Mit dem Hammer philosophieren heißt demnach: den Steinblock des alten Menschen, in den man selbst eingeschlossen ist, von innen zu zertrümmern. So ruft Zarathustra einmal: »Ach, ihr Menschen, im Steine schläft mir ein Bild, das Bild meiner Bilder! Ach, daß es im härtesten, häßlichsten Steine schlafen muß! Nun wütet mein Hammer grausam gegen sein Gefängnis.« In der Unheimlichkeit des endlichen Seins ohne Sinn und Wozu ist der gottverlassene Mensch sich selbst zur

Scham geworden. Ihn erlöst der Übermensch – Nietzsche nennt ihn den »Besieger Gottes und des Nichts«. Er ist der Sinn der Erde, sofern er sie in totaler Immanenz beherrscht. Der Ort Gottes bleibt also leer, aber die Leerstelle des toten Gottes wird umbesetzt: Der Übermensch ist Nietzsches Name für die totale Immanenz moderner Subjektivität – sie verwirklicht sich in der technischen Erdherrschaft. Nietzsches Übermensch steht auf dem Schauplatz der transzendenzlosen Erde wie das romantische Subjekt auf dem Schauplatz seines Lebensromans: als absoluter Souverän. Er erlöst sich selbst vom Zufall des Daseins.

Wenn es einen archimedischen Punkt gibt, von dem aus ein Unternehmen wie Foucaults Archäologie der Humanwissenschaften in Angriff genommen werden konnte, dann ist es Zarathustras Lehre vom Übermenschen. Denn der Wahnsinn, der ein Menschenwesen dazu treibt, sich für Den Menschen zu halten, die Blendung durch die Evidenz des Menschen, ist nie nachhaltiger erschüttert worden, als durch diese »Promesse-Menace« – Nietzsches Drohung, die eine Verheißung ist: daß der Mensch dem Übermenschen weichen muß. Mit der Lehre vom Übermenschen beginnt die Austreibung des Menschen aus den Humanwissenschaften, die Ausrottung der Anthropologie. Nietzsche hat den Tod Gottes als Synonym für das Verschwinden des Menschen kenntlich gemacht. Wir denken heute »dans le vide de l'homme disparu.« Nur eine winzige, aber entscheidende Verschiebung unterscheidet Nietzsches Denken in der Leere des Menschen von Kants Denken der Endlichkeit: die Verschiebung von der Endlichkeit des Menschen zu seinem Ende.

Berühmt geworden sind Foucaults poetische Formeln für diese drohende Verheißung. *Les mots et les choses* spricht auf seinen letzten Seiten von einer absoluten Dispersion des Menschen, seiner Rückkehr in die heitere Inexistenz und – sehr prägnant – von einem »éclatement du visage de l'homme dans le rire«. Der Mensch, der bei Hegel hybrid als Geistmensch und bei Stirner eigensinnig als Unmensch auf sich beharrte, löscht sich endlich aus wie ein in den Sand des Meeresufers gezeichnetes Gesicht.

Strukturen – Diskurse – Medien

> Es ist der Ehrgeiz des Intellectes,
> nicht mehr individuell zu erscheinen.
> Nietzsche

Wirft man einen Blick auf die Theorieproduktion, die sich zwischen Claude Lévi-Strauss' *Anthropologie structurale* (1958) und etwa Paul Virilios L'horizon négatif (1984) erstreckt, so kann man leicht den trügerischen Eindruck eines fröhlichen Reflexionspluralismus gewinnen. Bei Lichte besehen folgt das französische Denken der letzten dreißig Jahre aber einer klaren Paradigmensequenz: vom Strukturalismus über die Diskursanalyse zur Medientheorie. Auf den Spuren Nietzsches (Foucault), Freuds (Lacan) und Heideggers (Derrida) visieren seine bedeutendsten Vertreter das gemeinsame Ziel, die moderne Philosophie des Subjekts und die Hermeneutik des Sinns zu sprengen.

Den Ausgangspunkt bildet Saussures Einsicht, daß die Sprache keine Substanz, sondern eine Form ist, und Zeichenbedeutung als Effekt differentieller Artikulation begriffen werden muß. Dieser Aufweis sich selbst regulierender Strukturen akzentuiert am Sein von Sprache ein Moment, das sich dem philosophischen Zugriff bislang entzog.

> Ce qui a échappé ici aux philosophes [...], c'est que du moment qu'un système des symboles est indépendant des objets désignés, il était sujet à subir [...], par le fait du temps, des déplacements non calculables pour le logicien.[1]

1 Ferdinand de Saussure, Edition critique II, 1974, N. 10, S. 13

In der ethnologischen Mythenanalyse von Claude Lévi-Strauss werden die philosophischen Implikationen der strukturalen Methode erstmals deutlich. Indem der Strukturalismus den Inhalt zugunsten einer Analyse reiner Beziehungen abblendet, zeigt er, wie eine unbewußte Aktivität des Geistes jenem Inhalt Formen aufprägt; die Regeln des Codes sind unbewußt. In diesem »Kantisme sans sujet transcendental«[1] schrumpft das Subjekt zum insubstantiellen Ort eines anonymen Denkens. Indem der Strukturalismus vom Subjekt abstrahiert, schlägt er den Menschen wieder der Natur zu: Menschennatur besteht aus Matrizes zur Emergenz von Strukturen. So sprengt der Strukturalismus den Bann eines auf sich selbst zentrierten Bewußtseins. Wie in naturwissenschaftlichen Versuchsanordnungen tritt das Subjekt bescheiden hinter das Es spricht zurück, eingedenk der Verkennungsfunktion des Bewußtseins. Dessen Selbstanalyse ist ja die Sackgasse, aus der erst die strukturale Methode herausführt; sie konstituiert die Erscheinung des Menschen als anderes Objekt. So sichert die Arbeit von Lévi-Strauss den Vorrang der Struktur vor der Geschichte, der Relation vor den Dingen, der apriorischen Rationalität eines objektivierten Denkens vor dem je und je Gedachten. Und der Mensch kehrt ohne Rest in Natur zurück, während das Subjekt der Erkenntnis in einem zufälligen Namen verschwindet, der etwa Lévi-Strauss lautet. Sciences humaines konstituieren den Menschen weniger, als daß sie ihn auflösen.

Auch die Psychoanalyse Jacques Lacans zielt auf eine Befreiung der Humanwissenschaften aus dem philosophischen Bannkreis der Bewußtseinsproblematik. Lacan hat Freuds Intuitionen durch eine struktural-linguistische Engführung wissenschaftsfähig gemacht. Freuds Traumdeutung konnte ja zeigen, daß sich der Traum gleichsam nach Stilfiguren der antiken Rhetorik chiffriert: Verdichtend und verschiebend nimmt die Traumarbeit Rücksicht auf Darstellbarkeit. Diese Rhetorik des Traums macht Lacans Freud-Lektüre explizit:

> Ellipse et pléonasme, hyperbate ou syllepse, régression, répétition, apposition, tels sont les déplacements syntaxiques, métaphore, catachrèse, antonomase, allégorie, métonymie et synecdoque, les condensations sémantiques, où Freud nous apprend à lire

1 Paul Ricœur, Symbole et temporalité, in: Archivo di Filosofia 1-2, 1963, S. 24

> les intentions ostentatoires ou démonstratives, dissimulatrices ou persuasives, rétorsives ou séductrices, dont le sujet module son discours onirique.[1]

Diese Entdeckung einer Rhetorik des Unbewußten ist für alle bewußtseinszentrierte Philosophie skandalös. Es spricht im Unbewußten – »un sujet dans le sujet, transcendent au sujet, pose au philosophe [...] sa question«[2].

Die Subversion des erkennenden Subjekts durch das Unbewußte geht in ihrer Bestimmung des Subjekts aus den unbewußten Wünschen nicht nur über die neuzeitlich aus der Gewißheit des cartesischen Selbstbewußtseins bestimmte Subjektivität des Subjekts hinaus. Lacans Verkennungstheorem überbietet sogar noch die Kantische Steigerung des genius malignus im Antinomienproblem, das ja erstmals den Ursprung der Täuschung im vernünftigen Subjekt selbst lokalisierte. So wird das cartesische Subjekt der neuzeitlichen Philosophie als Ort einer prinzipiellen Verkennung decouvriert.

> Je pense où je ne suis pas, donc je suis où je ne pense pas.[3]

Sich selbst erkennen heißt demnach verkennen: *me connaître* = *méconnaître*. Diese Gleichung resultiert, sobald sich das Subjekt ein vorwegnehmendes Bild seiner Einheit macht. Im Stand-Bild seines Ich findet der Mensch seine entfremdende Einheit, im Begehren aber seine ursprüngliche Zerrissenheit, in der sich eine Unangepaßtheit bekundet, die sein Sein auf Sprache hin öffnet.

Im Zentrum des Bewußtseins ist ein Einheitswille am Werk, der die mentalen Fortschritte verantwortet, die vom funktionellen Primat des Sehens strukturiert werden. Lacans Analytik prozediert deshalb nicht in der Selbstreflexion, sondern im Sprechen des Subjekts. Das Ich soll nicht da, wo es ist, gestärkt, sondern dort realisiert werden,wo das unbewußte Subjekt ist und zum Anderen spricht. Das Subjekt (des Unbewußten) steht radikal exzentrisch zum Ich (des Cogito).

Etikette wie Post- und Neostrukturalismus indizieren, daß die strukturale Analyse längst eine Phase der Selbstkritik durchlaufen

---

1 Jacques Lacan, Écrits, 1966, S. 268
2 a. a. O., S. 437
3 a. a. O., S. 517

hat. So destruiert Jacques Derrida die taxinomisch geschlossenen Strukturen im Namen einer allgemeinen Dezentrierung, die aber gerade aus einer Radikalisierung der Strukturalität selbst resultieren soll. Seine numinose Vokabel différance benennt die produktive, generative Bewegung im Spiel der Differenzen, die eben nicht wie aus der Pistole geschossen da sind und deshalb auch nicht in einer statischen Struktur angeschrieben werden können. Differenzen sind Emergenzen von Transformationen. Doch:

> La production des différences, la différance, n'est pas a-structurale: elle produit des transformations systématiques et réglées pouvant, jusqu'à un certain point, donner lieu à une science structurale. Le concept de différance développe même les exigences principielles les plus légitimes du »structuralisme«.[1]

Dies legitime Anliegen des Strukturalismus ist die Destruktion des neuzeitlichen Denkens, soweit es sich über einer Verwerfung der körperlichen Äußerlichkeit zugunsten reiner Selbstgegenwart konstituiert hat. Derrida kritisiert die Verknüpfung von Präsenz und reinem Selbstverhältnis als Kern aller modernen philosophischen Phantasmen.

> La présence n'est jamais présente. [...] Un langage a précédé ma présence à moi-même.[2]

Im neuzeitlichen Denken funktioniert Reflexivität als Reduktionsmechanismus, der nicht zu denken erlaubt, was in den Falten und Brüchen der Sprache aufscheint: »la déhiscence, la dissemination, l'espacement, la temporisation«[3]. Wenn der Spiegel der Reflexion den spezifisch philosophischen Schein erzeugt, das Ich mit seinem Bild zu vereinen, so schreibt sich die Dissemination auf der Rückseite dieses Spiegels. Derridas Kritik des Logophonozentrismus, d. h. der Konzeption von Wahrheit als Einheit von *logos* und *phone*, beklagt eine Verdrängung der Schrift im abendländischen Denken. Diesen anderen Schauplatz der Schrift, das Jenseits der klassischen Philosophie, denkt Derrida mit dem Interpretament der Heideg-

1 Jacques Derrida, Positions, 1972, S. 39
2 Derrida, La dissémination, 1972, S. 336 u. 378
3 a. a. O., S. 303

gerschen Differenz als Temporalisation. Aufschub, Wiederholung, Verspätung und Nachträglichkeit sind Schlüsselvokabeln Derridas, die anzeigen sollen, daß an jedem Anfang eine Bewegung verzeitlichender Differenzierung steht, die den Ursprung durchstreicht. Wenn das Ursprüngliche aber nur im Selbstaufschub gegenwärtig ist, wird die Differenz transzendental. Vor dem Hintergrund dieser ultratranszendentalen *différance* kann das Transzendentalsubjekt der neuzeitlichen Philosophie nur noch als Apotropaion gegen die Differenz erscheinen. Das nur schreib-, aber nicht hörbare *a* im Kunstwort *différance* inseriert in die Differenz zwei Momente: Verzeitlichung und polemische Nichtidentität. Das Sein der *différance* kann also nur durchstrichen angeschrieben werden; als solche präsentiert sie sich nie.

> Au-delà de l'être et de l'étant, cette différence (se) différant sans cesse (ce) tracerait (elle-même).[1]

Was so ungedacht und unvordenklich ist, fordert eine eigene Aufweisungsart. Wie bei Heidegger die Destruktion der Metaphysik die ontologische Differenz eröffnet hat, so soll deren »pré-ouverture«[2] in der Bewegung der *différance* durch eine Dekonstruktion der abendländischen Philosophie erreicht werden. Dabei erkennt auch Derrida, daß keine Subversion der Metaphysik den Gebrauch ihrer Begriffe umgehen kann. Alle Kräfte der Dekonstruktion sind auf dem metaphysischen Feld selbst entwendet. Deshalb ist ihr zentrales Problem das Verhältnis von Immanenz und Durchbruch – »le probléme de la clôture«. Es läßt sich nur schriftlich lösen. Dekonstruktion schreibt sich mit Ausstreichungen in die Tradition ein: »on peut écrire par ratures et ratures de ratures«[3]. Der Dekonstruktivist haust in den Metaphernruinen der Metaphysik.

L'archéologie du savoir beschließt ein erdachtes Gespräch, in dem Michel Foucault mit einem gewissen Stolz bemerkt, er habe in seinem Hauptwerk *Les mots et les choses* den Terminus ›Struktur‹ nicht ein einziges Mal gebraucht. Die Distanzierung verdeckt, daß

1 Jacques Derrida, Marges de la philosophie, 1972, S. 77
2 Derrida, L'écriture et la différence, 1967, S. 295
3 ebd., S. 163 u. 166

Foucault das strukturalistische Unterfangen überbieten möchte, indem er es auf den Schauplatz der Geschichte ausweitet. Er hat erkannt, daß man heute bereit ist zu akzeptieren, daß etwa Sprache und Unbewußtes von Strukturgesetzen beherrscht werden; um so hartnäckiger aber wird die Unhintergehbarkeit von Geschichte und Subjekt behauptet. Archäologie heißt nun die Form strukturaler Analyse, die sich anschickt, die Geschichte des Denkens von Subjektivität zu purgieren. Foucault knüpft an die strukturalistische Destruktion des anthropologisch-humanistischen Denkens an, die den Menschen einem formalen Regelnetz einbeschrieben hat; der entzauberte Mensch erweist sich als Emergenz eines Strukturensembles, nicht als souveränes Subjekt seiner selbst. Archäologie markiert aber auch die Differenz zur strukturalen Analyse. Diese untersucht ja die formalen Bedingungen der Emergenz von Sinn, wobei die Sprache als Analysemodell fungiert. Demgegenüber analysiert die Wissensarchäologie die Bedingungen der Sinnintermittenzen – genauer: des Erscheinens dessen, was im Erlöschen des Sinns an dessen Stelle tritt. So erscheinen diskursive Formationen als historisches Apriori alles dessen, was die Philosophie als Stiftungsleistung des Subjekts ausgab. Prägnant spricht Foucault vom »regard déjà codé«[1]. Eine auf jede Hermeneutik verzichtende Genealogie der Epistemen-Abfolge zeigt, wie »la raison se transforme sans raison«[2]. So spezifiziert sich die strukturale Methode auf dem Feld des Historischen als Wissensarchäologie und Diskursanalyse. Foucault geht von der Erfahrung aus, daß wahrheitsstiftende Reden ihre eigene Materialität verdrängen. Deshalb entwickelt er, wie Lévi-Strauss und Lacan, eine Partialmethodologie. Sie klammert das Cogito ein und blendet die Repräsentationen ab, um die diskursive Technik erscheinen zu lassen. Was an gesagten Dingen zählt, ist nicht die Absicht des Sprechens. Foucault analysiert den Diskurs aber nicht primär als Ausdruck von Macht und Begehren, sondern als ihren Gegenstand. Sich einer Rede im Namen der Wahrheit bemächtigen heißt Macht durch die Produktion eines koextensiven Wissens stabilisieren – keine Rede, in der

1 Michel Foucault, Les mots et les choses, 1966, S. 12
2 Jean Piaget, Le structuralisme, 1968, S. 114

nicht Macht am Werk wäre, hinter der nicht ein Begehren kommandierte. Zumal Tabus und Verbote werden von Foucault in ihrer Positivität analysiert: als Mächte, die zum Sprechen bringen. Jedes soziale System verfolgt eine Wahrheitspolitik, die von einer Diskurspolizei gesichert wird. Das reibungslose Funktionieren des wahren Diskurses wird dadurch garantiert, daß man die Frage nach dem Willen, der ihn treibt, niederhält. Nietzsche folgend richtet Foucault den Willen zur Wahrheit gegen die Wahrheit selbst und stellt ihre Geschichte durch die Machteffekte ihrer Reden dar. So verdankt sich die Transformation der strukturalen Analyse in die Diskursanalyse dem Eingriff der genealogischen Methode Nietzsches.

Diskursanalyse fingiert keine Meta-Ebene, sondern dringt in die diskursive Praxis ein, um ihre Relais und Schaltkreise zu beschreiben. Indem sie die Effekte der Sprechakte im Realen als Geschichte rekonstruiert, verläßt sie nicht das Netz der Reden, die sie beschreibt. Die diskursive Praxis entfaltet sich so äußerlich und oberflächlich, daß sie vom Niveau der Wörter, Sachen und Subjekte aus gar nicht wahrgenommen werden kann. Die Diskurseffekte, deren anonymer Gewalt sich kein Sprecher entziehen kann, spiegeln sich in Formeln wie ›Es gibt‹, ›Man sagt‹, ›Es ist bekannt, daß‹, usf. Diskursanalyse erforscht das Funktionieren von Reden und Texten deshalb um so eindringlicher, je entschlossener sie Sinn und Bedeutung ignoriert. Jedes Wissen trägt Spuren seiner zufälligen Produktionsbedingungen und kann deshalb auf sein Werden und seine Effekte hin befragt werden. Es geht Foucault nicht um das Was eines Wissens, sondern um das Daß seiner Reden, die Diskurstatsachen. Wer spricht von wo aus? Welche Institutionen bringen zum Sprechen und archivieren das Gesagte? Diskursanalyse heißt also nicht Psychoanalyse. Es geht ihr nicht um das Ungesagte zwischen den Zeilen oder um die immanenten Widerstände auf dem Weg der Wissenschaften, sondern um die unformulierten Aufbaugesetze des Diskurses, die ihn positiv strukturieren, ohne doch dem Sprecher bewußt zu sein. Diskursanalyse ist die Ausarbeitung des positiven Unbewußten eines Wissens. So kann sie zeigen, wie die widersprüchlichsten Meinungen ihr Spiel im positiven Raster ein und desselben *système général de pensée* treiben.

Treten wir nun ein paar Schritte zurück und erlauben uns die naive Frage, was diese ungeheuren Abbruchsunternehmungen – Strukturalismus, strukturale Psychoanalyse, Dekonstruktivismus und Diskursanalyse – eigentlich bringen. Was ist so verheißungsvoll daran, daß der Mensch in ein Strukturensemble dekomponiert wird; daß das stolze Ich des Cogito als Verkennungsfunktion entzaubert wird; daß die Dokumente der Geistesgeschichte auf den Nonsens diskursiver Praktiken reduziert werden? Erinnern wir noch einmal an Foucaults Ausgangspunkt: *Les mots et les choses* zeigt, daß seit dem 17. Jahrhundert jede Sprache als Diskurs gilt, sofern das Sein der Sprache völlig in der Repräsentation aufgelöst worden ist. Das *Cogito ergo sum* verknüpft die Repräsentation und das Sein durch einen Diskurs, der die Existenz der Sprache in ihrer repräsentierenden Funktion aufhebt.

Doch nun das ganz Andere. Seit dem 19. Jahrhundert erscheint ein *contre-discours*, der das in der Klassik vergessene rohe Sein der Sprache erneut zum Glänzen bringt. Man nennt ihn Literatur. Deren Geschichte ist die Entfaltung des Paradoxons eines »discours non discursif«[1]. Das Sein der Sprache und das Sein des Menschen schließen sich aus. Deshalb stellt Foucault dem Menschen, unterwegs zur Sprache, die Prognose eines Rückgangs in die »inexistence sereine«[2]. Nur vor diesem Hintergrund wird aber verständlich, daß Foucault seine Erfindung der Diskursanalyse der Lektüre eines Borges-Texts verdanken konnte. Dort ist nämlich eine monströse Taxinomie aufgeschrieben. Borges ruiniert darin die Syntax, die die Wörter und die Dinge miteinander verknüpft, und inszeniert so die Geburt der Ungeheuer aus der alphabetischen Serie. Das Denkunmögliche wird am Nicht-Ort der Sprache literarisches Ereignis. Es ermöglicht die Erfahrung der Grenze des Diskurses in der Überschreitung seiner Formationsregeln.

Nichts anderes aber ist Literatur. War Rede einmal ein Akt in der Gefahrenzone zwischen ›erlaubt‹ und ›verboten‹, so wird sie um 1800 im Zeichen von Autorschaft und Copyright zum Gut. Kompensatorisch wird die Gefährdung nun zum ästhetischen Imperativ:

1 Michel Foucault, Les mots, S. 134
2 a. a. O., S. 397

Literatur ist Übertretung, denn sie subvertiert das Cogito, die transzendentale Apperzeption. Dem ›ich denke‹ (*Moi*) der Neuzeit setzt Literatur ihr ›ich spreche‹ (*je*) entgegen. Ich spreche – das indiziert nicht Diskurs, Kommunikation und Sinn, sondern die Zerstreuung des Subjekts in der Äußerlichkeit der Rede. Und wo das Sein des Sprechens erscheint, verschwindet das Subjekt. Eben das heißt Literatur: unterwegs sein zur nackten Erfahrung des Sprechens. Dort verstricken sich anonyme Reden in sich selbst und rücken in die Nachbarschaft des Wahnsinns. Schreiben ist demnach nicht Ausdruck eines Innern, sondern Entfaltung seiner Äußerlichkeit. Man könnte von einer nicht innerlichen Selbstbezüglichkeit sprechen. Literatur emergiert als Signifikantenspiel im leer gewordenen Raum des ausgelöschten Autors. Signifkanten-Spiel:

> On pourrait appeler jeu l'absence du signifié transcendental comme illimitation du jeu [...] l'écriture est le jeu dans le langage.[1]

Écriture, das Signifikantenspiel, ist das Nichtdiskursive der Literatur – und doch ist sie Diskurs. Folglich gibt es auch eine Diskursanalyse von Literatur. Sie beschreibt den Raum ihrer Emergenz. Literatur entsteht nämlich im Raum der Bibliothek – nicht als Gestaltung des Wortes, sondern als Wiederholung der Bücher. So hat Jacques Derrida mit dem Gedanken gespielt, eine »histoire (genèse et structure) des bibliothèques« der großen Denker und Dichter aufzuschreiben:

> Comment ils gardaient, rangeaient, classaient, annotaient, ›fichaient‹, archivaient ce qu'ils lisaient vraiment, ce qu'ils faisaient semblant d'avoir lu ou, plus intéressant, de ne pas avoir lu.[2]

Die Bibliothek erweist sich hier als Raum der Verdoppelung jenseits von Zeichen und Menschen. Und deshalb kann es nur eine Formalontologie der Literatur geben – sie hat keine Aussage oder Bedeutung, sondern ein Sein.

Wer nun nach dem poetischen Imaginationspotential, nach Literatur als einheimischem Reich der Phantasie fragt, erhält von der Diskursanalyse bündigen Bescheid: Das literarisch Imaginäre wird aus der

1 Jacques Derrida, De la grammatologie, 1967, S. 73
2 Derrida, La carte postale, 1980, S. 102

Geduld des Wissens geboren, und die Phantasmen sind nichts als umgeschriebene Dokumente. Das Monströse der modernen Phantastik entsteht zwischen dem Schwarz und Weiß des Gedruckten. Foucault spricht hier sehr schön vom *fantastique de bibliothèque*. Literatur ist Bibliotheksphantasie und Lesetraum – als ob die Texte der Bibliotheken Traumarbeit leisteten. Im Klartext heißt das: Literatur ist konstitutiv auf das deponierte Wissen von Archiven bezogen.

*

Die Gutenberg-Galaxis hat sich in ihrem Medium Buch die Form ihrer Einheit gegeben. Der Kanon des Gotteswortes und das Buch des Menschen sind die aufeinander verweisenden Modelle von Tradition. Den Tod Gottes und das Verschwinden des Menschen konnte das Buch nicht überleben – es hat sich wieder in ein *textum* aufgelöst.

> La question de l'écriture ne pouvait s'ouvrir qu'à livre fermé. L'errance joyeuse du *graphein* alors était sans retour. L'ouverture au texte était l'aventure, la dépense sans réserve.[1]

Seither – und das heißt: seit der Geburt der neuen Medien – schreiben und lesen wir anders. Rilkes Zeit der anderen Auslegung scheint angebrochen.

> Ce qui se donne aujourd'hui à penser ne peut s'écrire selon la ligne et le livre.[2]

Das Buch ist als Speicher und Archiv veraltet. Die elektronischen Speichertechniken mit ihrer schnellen Zugriffszeit und Selektion erfordern zwar weiterhin ein Lesen, obsoleszieren aber die Schrift im Sinne linearer Inskription. Wo man bisher das Genie des Menschen vermutete, waltet jetzt eine aleatorische Kombinatorik von Operatoren, die Informationszustände transformieren :

> La mise en réserve [...] constitue et efface en même temps, dans le même mouvement, la subjectivité dite consciente.[3]

Das rotierende Gedächtnis des Computers funktioniert genau so alternierend wie die Verschiebung, in der sich ein Signifikant behaup-

---

1 Jacques Derrida, L'écriture, S. 429
2 Derrida, De la grammatologie, S. 130
3 ebd., S. 125f.

tet, indem er seinen Ort verläßt, um zirkulär zu ihm zurückzukehren – Lacan hat sie mit dem Aufleuchten der Nachricht in der Laufschrift elektronischer Wandzeitungen verglichen. Diese Verschiebung des Signifkanten determiniert die Subjekte: »le sujet suit la filière du symbolique«[1]. Es kann deshalb nicht überraschen, daß sich schon Lévi-Strauss nicht mehr als transzendentales Subjekt, sondern als Computer versteht, der durch eingegebene Daten neue Ergebnisse produziert. Die freien Gedanken sind zerebrale Software, Geist ist der Inbegriff aller möglichen Datenkombinationen, und Kultur heißt das Spiel auf der Tastatur des Gehirns. Denn alles in der symbolischen Ordnung kann durch eine Alternanz-Serie von Plus und Minus, on/off, fort/da, 0/1 dargestellt und deshalb durch eine Reihe von Relais in einer Maschine technisch implementiert werden.

> Le monde symbolique, c'est le monde de la machine. [...] Les machines les plus compliquées ne sont faites qu'avec des paroles.[2]

Die Maschine behauptet also die symbolische Struktur völlig unabhängig von der Aktivität eines Subjekts; es wird vom Maschinenspiel des Symbolischen radikal dezentriert. Das Subjekt ist nichts als ein Relais in der universalen Symbolisierung des Realen.

Mit dem Ursprung der Moderne begann man zu bemerken, daß unsere Umwelt von Fetischcharakteren und Zeichenschichten überlagert wird. Architektur und Semiotik durchdringen sich – nichts anderes heißt Urbanität. Wir leben zwischen Zeichen, und Umwelten sind lesbar wie Texte. Die immaterielle Welt der Zeichen ist das neue Reich der sinnlichen Gewißheit: Reklame wird zu Stein, die Häuserfassade zum Bildschirm. Am Ende steht die Stadt aus Zeichen: *message-towns* wie Las Vegas – der Architektur gewordene Datenfluß. Hier hat die Antithese von Leben und Fiktion ihren Sinn verloren. Die Medienästhetik des Datenflusses prägt die Realität, bis diese mit ihrem eigenen Bild verschmilzt. Solche Datenprozesse folgen der Logik eines Moebiusbandes; die Zirkularität der Medieneffekte resorbiert die alte Dialektik der Kommunikation. D. h. aber: Aus der Perspektive Sinn kommunizierender Subjekte sind Medieneffekte eine einzige Katastrophe. Denn die neuen Medien vermitteln nicht:

1 Jacques Lacan, Écrits, S. 30
2 Lacan, Le moi dans la théorie de Freud, Sem. II, 1978, S. 63

> Absorption des poles de tout système differentiel de sens, ecrasement des termes et des oppositions distinctes, dont celle du medium et du réel.[1]

Medien vermitteln nicht. Das macht eines unserer wissenschaftlichen Zauberworte, Code, verständlich. Seine Karriere verdankt es der Erfindung des Funks durch Marconi. Seither dient der Code-Begriff nicht mehr zur Bücherbezeichnung der Gutenberg-Galaxis, sondern definiert die Aufgabe der Entschlüsselung unverständlicher Botschaften. Der Code verläßt die Bibliotheken und Handschriftensammlungen, um zum Schlüsselbegriff der Welt von Detektiven und Spionen zu werden. Die Welt ist nicht mehr vertrauter Horizont, sondern unverstandener Text.

> En fait, c'est de ce que tout signifiant, du phonème à la phrase, puisse servir de message chiffre (personel, disait la radio pendant la guerre) qu'il se dégage comme objet.[2]

Nicht zufällig gleichzeitig mit dem Funk erfindet man die Psychoanalyse. Was sie zur Rhetorik des Codes treibt, ist der Widerstand, den die Natur des psychischen Erregungsprozesses seiner Entschlüsselung entgegensetzt.

> Mais il suffit qu'il y ait champ et force pour que les codes de physiciens ou de militaires soient près de l'emporter. Or il le font toujours à travers un *code*, la rhétorique d'un code, le code du code, autrement dit une théorie implicite de la télé-information, du message, de la missive, de l'émissaire, de la mission ou de l'émission: de l'*envoi* et du reseau postal.[3]

Freud sieht sich also zur Entschlüsselung der psychischen Dynamik gezwungen, auf den militärischen Code zurückzugreifen; er tritt ein in die Rhetorik des Codes und stellt damit das Unternehmen der Psychoanalyse in den Kontext der neuen Medien und telematischen Techniken. Deshalb ist es möglich, die Psychoanalyse in einer Technologie des Kuriers und einer allgemeinen Theorie der Sendung aufzuheben: Das Spiel der Triebe webt ein postalisches Netz.

---

1 Jean Baudrillard, Simulacres et simulation, 1981, S. 127
2 Jacques Lacan, Télévision, 1974, S. 22
3 Jacques Derrida, La carte postale, S. 371

Jacques Lacan hat diese Zusammenhänge begriffen und die strukturale Psychoanalyse konsequent in eine Medientheorie des Unbewußten transformiert. Die berühmte Grundformel, das Unbewußte sei der Diskurs des anderen, besagt ja: Das Schicksal des Subjekts ist einem symbolischen Schaltkreis einbeschrieben, umschlossen von einem zirkulären Prozeß des Austauschs von Sprechen. Wie ein Moebiusband zugleich äußerlich und innerlich vollzieht sich ein Beziehungstausch, den man sich wie einen erzählten Diskurs vorstellen muß. Mit einem Aufzeichnungsapparat könnte man ihn isolieren und aufnehmen. Als »discours de l'autre« ist das Unbewußte »le discours du circuit dans lequel je suis intégré. J'en suis un des chainons.«[1] Das von Freud so großartig gedeutete Fort-Da-Spiel des kleinen Kindes erweist sich in dieser Perspektive als Urphänomen der absoluten Telematik: fort/da, off/on, 0/1. Das *Grand Reseau telematique*, das auch *integrated services digital network* heißt, umspannt die Welt und ist doch aus der winzigen Urzelle einer Synapse, eines Relais, einer Ja/Nein-Schaltung hervorgegangen: Bibliothek und Post, Archivar und Kurier, Schickung und Telekommunikation.

Wir beginnen heute zu begreifen, daß die Welt mehr als von Schlachten, Revolutionen und Ideen gelenkt worden ist von der unwiderstehlichen Entfaltung des Kurierdienstes und des Postsystems. Anfang und Ende dieser Entwicklung heißen in der Sprache der großen Mächte: *cursus publicus* und *ISDN*. Die Revolution des Transportwesens hat die des Nachrichtenwesens induziert. Seither hält die Macht der Information mit der Information der Macht Schritt – das wäre an der Geschichte der Nachrichtendienste zu zeigen. John le Carré brachte es jüngst auf die Formel: »the couriers are the message.«[2] Sie ist leicht als Variante der notorischen McLuhan-These, das Medium sei die Botschaft, zu erkennen. Vielbescholten, hat sie doch alles Nachdenken über neue Medien und Technologien nachhaltig geprägt. Und auch Paul Virilios zentrale These[3] reformuliert die McLuhans im Horizont von Zeit und Geschwindigkeit: Der Transfer ist die Botschaft. Es geht also überhaupt nicht darum, was fortbewegt oder übermittelt wird. Entscheidend ist allein die

---

1 Jacques Lacan, Le moi, S. 112
2 John le Carré, The Russia House, 1989, S. 121
3 vgl. Paul Virilio, L'horizon négatif, 1984

Geschwindigkeit der Botschaft, der Vektor der Bewegung. Damit verändert sich aber auch das Politische im Innersten. Bevor die neuen Medien zum Schematismus unserer Existenz wurden, war Politik eine Einschreibung von Gesetzen – sei es auf Tontafeln, in Kataster oder direkt in die Körper der Menschen. So entstand das Archiv der Völker, das man Weltgeschichte nennt. Doch die Hochgeschwindigkeit der neuen Medien hat diesen Raum der Einschreibung radikal entwertet und das Politische in den reinen Horizont der Zeit gestellt. Die Welt ist zur dringenden Angelegenheit geworden, und seither organisiert sich Macht nicht mehr im Raum des Staates, sondern in dessen negativem Horizont. Virilio nennt ihn Politik der Zeit.

Diese eigentümliche Optik seines Denkens hat Virilio in asketischen Übungen des Blicks ausgebildet; sie klammert die Vordergrund- und Hauptfiguren eines Bildes ein, um die Strukturen des Zwischen in den Blick zu bekommen, die Virilio auch Negativ- oder Antiformen nennt. Was seine Optik historisch bestimmt, ist der Weltkrieg, dessen Destruktionsarbeit einen Hohlraum der Zwischenräume in die Stadtlandschaften schlug. Für Virilio wird der Krieg zur Schule einer Entüblichung des Alltags. Die unirritierte Wahrnehmung wirft immer nur einen Schleier der Trägheit über die Welt; normales Sehen macht nicht sichtbar. Wer nur sieht, was im normalen Wahrnehmungsspektrum liegt, ist nicht frei für neue Bilder. Das alltägliche Bild ist nur ein Bild-Schirm, der das Erscheinen neuer Formen verdeckt. Gerade die gewaltsame Nähe der Bilder auf den Bildschirmen entfernt die Wirklichkeit. Was die Welt zu Bildern auf Schirmen verwandelt, ist die Technologie der Hochgeschwindigkeit. Wer mit dem Auto durch die Landschaft rast, nimmt nicht Welt wahr, sondern er sitzt vor einem Armaturenbrett mit Monitor. Für Virilio ist demnach auch die Windschutzscheibe nur ein Bildschirm. Denn ob wir fernsehen oder auf der Autobahn fahren – es gilt das Prinzip des neuen Zeitalters der Telekommunikation, daß der Wert einer Botschaft eine Funktion der Geschwindigkeit ihrer Übermittlung ist. Es gibt kein Jenseits der neuen Medien.

Der Computer als Metapher des Geistes

Von der diskreten Maschine zum emergenten System

I don't mind if
I don't have a mind
...
it was hard to find,
oh well, whatever, nevermind.
KURT COBAIN

I.

Bekanntlich vergleicht Peer Gynt sein Leben mit einer Zwiebel: Man kann Schale um Schale ablösen und wird doch nie auf einen harten Kern treffen. Alan Turing vergleicht das Gehirn mit einer Zwiebel: Man kann bestimmte Verstandesfunktionen rein mechanisch erklären – und es liegt dann nahe, diese mechanischen Funktionen wie Schalen vom eigentlichen Geist des Menschen abzulösen. Wie aber wäre es, so fragt nun Turing, wenn sich zeigen sollte, daß sich das, was sich an Menschengeist unter den Schalen der mechanischen Verstandesfunktionen zeigt, wiederum maschinisieren läßt? Löst sich dann das Gehirn des Menschen wie Peer Gynts Zwiebel auf, ohne je im Kern einen Geist zu enthüllen? Sehen wir näher zu.

Unser Zeitalter steht im Zeichen des von David Hilbert formulierten *Entscheidungsproblems*, das sich auf die Kurzformel einer Frage bringen läßt: Gibt es eine allgemeine mechanische algorithmische Prozedur zur Lösung mathematischer Probleme? Alan Turing hat diese Frage durch eine radikale Formalisierung des Konzepts Maschine beantwortet. Bei der berühmten *Universal Turing*

Machine, dem Urphänomen des Computer-Zeitalters, zählt allein die logische Struktur, nicht aber ihre physikalische Verkörperung. Das heißt im Klartext: Die Hardware ist gleichgültig, die Elektrizität ist theoretisch irrelevant. Die Turing-Maschine definiert Berechenbarkeit als Schreibbarkeit durch eine Maschine. Damit vollzieht sie – wenn auch unvollständig, weil prozedural endlich – die erträumte Mechanisierung der Mathematik. Der Schlüsselbegriff Algorithmus meint dabei die Einheit von Logik und Steuerung. Man könnte auch sagen: Der Algorithmus ist eine Gebrauchsanweisung, die unzweideutig angibt, wie eine Rechnung ausgeführt werden muß. Eben das aber kann man einer diskreten Maschine zumuten, denn jeder Maschinenprozeß läßt sich als eine nach Faustregeln verfahrende Prozedur verstehen. Turings diskrete Maschine bewegt sich nach einer endlichen Anzahl von Regeln in Sprüngen zwischen Zuständen (Konfigurationen) – ein Design, dessen Intuition sich wohl der Quantenmechanik verdankt. Dabei verleiht Digitalität dem Maschinenprozeß eine hohe Genauigkeit. Und es genügen Mechanismen mit zwei stabilen Positionen, die 0 und 1 repräsentieren, um den Binarismus zu implementieren. So einfach ist das.

Erinnern wir uns an die Schule. Wenn Kinder Rechnen lernen, werden sie in Turingsche Papiermaschinen verwandelt. Ausgerüstet mit Papier, Bleistift, Radiergummi und eiserner Disziplin müssen sie eine Liste von Anweisungen ausführen. Wenn nun aber die Disziplin Rechnen Menschen zu Maschinen macht, müßten auch Maschinen denkbar sein, die genau das leisten, was Menschen machen, wenn sie rechnen. Mit anderen Worten: Alle Rechenaufgaben lassen sich mit einem Programm angehen, das auf einer Maschine mit endlichen, diskreten Zuständen, einem Schreibband und binärem Code läuft. Es geht hier also um die allgemeinste Form einer Symbole manipulierenden Maschine. Nichts anderes meinte Turings Traum von einer Superschreibmaschine, die das jeweilige Feld scannen, beschreiben und löschen kann.

Turing beantwortet die Frage nach dem Verhältnis von Geist und Maschine also durch zwei elegante Abstraktionen. Einmal reduziert er die Frage »Was heißt Denken?« auf die Frage »Was heißt Rechnen?«. Zum zweiten löst er das Konzept Maschine von allen ingenieurstechnischen Problemen ab. Denn die Schreibarbeit der Programmierung einer Universalmaschine tritt an die Stelle der technischen Arbeit an konkreten Maschinen. Turings simpler Digitalrechner kann ja deshalb jede andere diskrete Maschine nachahmen, weil sie algorithmisch, d. h. in Faustregelprozessen operiert. Es ist also möglich, die Komplexität irgendeiner konkreten Maschine als Beschreibung ihrer Funktionsweise auf dem Band der Universalmaschine darzustellen. Das entspricht übrigens exakt dem von Gödel geführten Beweis, daß sich Operationen mit Zahlen nicht von den Zahlen selbst unterscheiden.

Resümieren wir: Der Computer ist genau insofern eine sinnvolle Metapher für Geist, als Denken Rechnen und Rechnen Schreiben ist. Artificial Intelligence manipuliert Geschriebenes. Robert Sokolowski hat das auf die schöne Formel gebracht: »Writing comes between the brain and the computer.«[1] In Turings berühmtem Imitationsspiel wird genau dieser Sachverhalt als Versuchsanordnung dargestellt. Der Test ersetzt die sinnlose Frage »Können Maschinen denken?« durch die aufregende Frage, wie sich ein Digitalrechner im Imitationsspiel bewährt. Entscheidend ist allein, daß Turings Maschine Fortschritte in der Simulation des Menschlichen macht, indem sie ihr eigenes Scheitern verarbeitet. Und das hat nun prinzipielle Bedeutung für unsere Frage nach dem Sinn der Geist-Computer-Metapher. Denn alle klar formulierten Einwände gegen *strong AI* können dem Programm des Computers integriert werden. So löst das sich perfektionierende Imitationsspiel eine Zweibelschale des Geistes nach der anderen ab. Man muß sich Peer Gynt als einen glücklichen Menschen vorstellen.

Turings Test macht uns mit der sehr wesentlichen Einsicht vertraut, daß der Menschengeist eine *black box* ist – man kann nur input und output beobachten. Genau das tun wir aber, wenn wir anderen Menschen Bewußtsein unterstellen. Daß der Alltag reibungslos verläuft, setzt voraus, daß wir den Turing-Test vergessen, den wir immer schon vollzogen haben, wenn wir die black boxes, die wir auf der Straße treffen, mit Intelligenz investieren. Und das ist ganz in Ordnung. Denn wenn der Geist des Menschen eine black box ist, kann es nur metaphorische Definitionen von Intelligenz geben.

1 Daedalus, Winter 1988: Artificial Intelligence, S. 48; zur Universal Turing Machine vgl. P. N. Johnson-Laird, The Computer and the Mind, London 1988, S. 50f.

Der Mensch ist genau insoweit Maschine, als er von *laws of behavior* gelenkt wird. Das schließt Freiheit nicht aus, sondern definiert sie um zur statistischen Emergenz des äußeren Verhaltens – der Mensch ist eine Maschine mit vielen Interferenzen. Es geht Turing nun aber nicht um eine technische Implementierung des ganzen Menschen, sondern um die Konstruktion eines Gehirns ohne Körper. Dazu genügt auf der Hardware-Ebene die Homologie zwischen Nerven und Schaltkreisen. Wie kommt nun aber Dynamik in die Sache? Offenbar durch Interferenzen. Es liegt in der Logik des Turingschen Denkstils, daß Interferenzen auf der Hardware-Ebene vernachlässigt werden. Interessant sind allein die »Papiereingriffe«; die universale Maschine verändert ihr Verhalten aufgrund von Informationen. Und genau so prozediert Erziehung: durch *interfering inputs*. Menschwerdung ist Programmierung. Dabei ist nun eines entscheidend: Der Computer kann das Programm durch die Beobachtung seines eigenen outputs modifizieren – Menschen nennen das Autonomie.

John von Neumann hat die Turing-Maschine durch eine *memorystored control* ergänzt. Der Grundgedanke ist denkbar einfach: Wenn Befehle im Rechner sich physikalisch nicht von Zahlen unterscheiden, muß es möglich sein, die Befehle in *memory registers*, die durchnumeriert sind, zu speichern; jedes Wort hat dann eine eigene numerische Adresse. Mit anderen Worten: Computer der von-Neumann-Architektur speichern Daten und Instruktionen im selben Gedächtnis; damit ist das *one tape* der Turingmaschine technisch implementiert. Daß der Compiler ein Programm in eine binäre Ziffernfolge transformiert, setzt eben immer schon voraus, daß ein Datensatz als Befehlsfolge interpretierbar ist. Halten wir also fest, daß seit John von Neumanns *stored programm* jeder Computer durch ein Programm gesteuert wird, das in seinem internen Speicher abgelegt ist.

Schon 1938 hat Claude Shannon die Analogie zwischen der Theorie elektrischer Netzwerke und der Aussagenlogik untersucht[1]. Seither ist klar, daß Logik schaltbar ist. Relais und Schaltkreise kön-

1 C. Shannon, A Symbolic Analysis of Relay and Switching Circuits, 1938; zur technischen Implementierung vgl. N. Wiener, Cybernetics, New York 1961, S. 14

nen nämlich als Gleichungen der Booleschen Algebra dargestellt werden. Dieser Algorithmus, der nur auf der Wahl zwischen Ja und Nein basiert, macht Logik schaltbar. Nun gibt es aber noch eine andere Hardware, in der sich Logik verkörpert. McCulloch und Pitts haben 1943 zeigen können, daß Neuronen als Verkörperung logischer Prinzipien gelten können[1]. D. h. Neuronen können mit den logischen digitalen Grundoperationen der Booleschen Algebra »und«, »oder« und »Negation« verglichen werden. Hier rastet nun die Geist-Computer-Metapher ein: Norbert Wiener konnte dem erstaunten Shannon zeigen, daß man den feedback-gesteuerten, zirkulären Prozeß des Zentralnervensystems mit Vakuumröhren technisch implementieren kann.

II.

In einem Standardwerk des Parallel Distributed Processing heißt es stolz: »The architecture of the modern digital computer – the socalled Von Neumann architecture – was heavily influenced by people's (naive) view of how the mind operated. Now that whole debate can finally be put aside: The work presented here in no way can be interpreted as growing from our metaphor of the modern computer. Here, we are talking about a new form of computation, one clearly based upon principles that have heretofore not had any counterpart in computers.«[2]

Es geht hier um Komputationen, die nicht mehr vom Turing-Paradigma beherrscht sind. Statt den Geist des Menschen metaphorisch in der Funktionslogik des Von-Neumann-Computers zu spiegeln, versucht man, Licht in die black box des Gehirns zu bringen. Dieser Versuch hat viele Namen: connectionism, parallel distributed processing, neural networks. Der Schritt vom Geist zum Gehirn ist ein Schritt von der Reinheit symbolischer Logik zur Empirie

1 McCulloch / Pitts, »A Logical Calculus Immanent in Nervous Activity«; in: Bulletin of Math. Biophysics, vol. 5, 1943; vgl. hierzu auch J. von Neumann, The Computer and the Brain, S. 53

2 J. L. McClelland / D. E. Rumelhart, Parallel Distributed Processing, vol. 2, Cambridge (Mass.) 1986, S. 534

menschlicher Hardware. Man kann sich diese Neuorientierung in einer Reihe von Antithesen verdeutlichen:

Algorithmus	vs.	Wahrscheinlichkeit
symbolic processing		Hardware
logisch		biologisch
deduktiv		assoziativ
seriell		parallel
Regel		Statistik

Diese Neuorientierung der Intelligenz am simultan und parallel prozessierenden Nervensystem, das seine Daten auf einem vergleichsweise geringen Präzisionsniveau statistisch verarbeitet, nimmt Abschied vom Traum einer *mathesis universalis*, den die Philosophie von Leibniz bis Husserl träumte. Denn der Computer ist nur so lange eine plausible Metapher für den Menschengeist, solange Denken Kalkulieren heißt und Kognition als Rechnen mit digitalen Symbolen begriffen wird. Algorithmen definieren eine logische Welt durch rein syntaktische Operationen, in der alle Probleme durch serielle Suchroutinen gelöst werden können.

Ganz anders die Welt der *emergent AI*. Konnektionismus ist der Name für das Operieren in subsymbolischen Netzwerken, in denen sich Bedeutung als Funktion eines Systemzustandes darstellt. Entsprechend erfolgt Speicherung nicht in einzelnen, genau adressierten Speicherplätzen, sondern in Netzwerken. Alle Regularitäten in diesem Netzwerk sind emergente Qualitäten vor dem Hintergrund eines Chaos von Verknüpfungen. Damit gibt es im subsymbolischen Netzwerk konnektionistischer Maschinen eine genaue Entsprechung zum Rauschen im Gehirn, d. h. zum zufälligen Feuern der Nervenzellen.

So läßt sich Intelligenz als Emergenz aus Parallelismus und Verknüpfung begreifen. Damit aber stößt die Frage nach dem Menschengeist auf Hardware-Bedingungen. Entsprechend orientieren sich die Computer der Ära post von Neumann nicht mehr an der symbolischen Logik und eindeutigen Algorithmen, sondern an Prinzipien der Statistik und Heuristik – mit einem Wort: am Lernen. Wer wissen will, was Intelligenz ist, studiert nun nicht mehr den

Experten oder die Software, die ihn ersetzt, sondern das lernende Kind.

Die ontogenetische und phylogenetische Geschichte der Veränderungen im Gehirn, die durch Korrelationen und Konnektionen von Neuronen verursacht werden, ist in der sogenannten Hebbschen Regel des Lernens kodifiziert. Donald Hebb hat gezeigt, wie das Neuronen-Netzwerk lernt, *patterns* zu unterscheiden. Auf der Basis stetiger Rückmeldung von Irrtümern prozessiert das Neuronen-Netzwerk also nach einem »probabilistic learning algorithm«[1]. So baut sich die Dimension der Semantik auf. Die Hebb'sche Regel der synaptischen Entwicklung demonstriert also eine Neuroplastizität, deren Emergenzen eine Unterscheidung zwischen Geist und physischer Realität des Gehirns sinnvoll erscheinen lassen. Mihai Nadin hat das auf die prägnante Formel gebracht: »minds drive the brain and body«[2].

Noch einmal: Indem sie lernen, *patterns* zu unterscheiden, machen Neuronen Fortschritte in der Selbstorganisation. Deshalb steht am Ursprung von Rosenblatts Perceptron, dem ersten Versuch, einen Computer analog zum biologischen Gehirn zu bauen, eine *theory of statistical seperability*. Sie ist auch noch für die neuesten Parallelcomputer und neural networks maßgebend. Entscheidend ist die dynamische Verknüpfung elementarer Bestandteile in einem nichtlinearen Netzwerk. Dabei vollzieht sich der Prozeß der Selbstorganisation als Stabilisierung von *Eigen-behavior* – ein häßliches Wort, das die Chaosforschung durch den Terminus *attractor* ersetzt hat. Man muß sich stets vor Augen halten, daß solche emergenten Systeme in ihrer Eigenkomplexität unabhängig von ihrem Unterbau sind. »Emergenz ist Unterbrechung und Neubeginn des Aufbaus von Komplexität«[3].

Das ist der Schlüsselbegriff im neuen metaphorischen Selbstverständnis des Geistes. Er ermöglicht eine elegante Umwertung zweier Ärgernisse des linearen Denkens: 1) Der *circulus vitiosus*, auch hermeneutischer Zirkel genannt, wird als antizipatorisches

1 H. L. Dreyfus / S. E. Dreyfus, »Making a Mind Versus Modeling the Brain«, in: Daedalus, a. a. O., S. 22
2 M. Nadin, Mind. Anticipation and Chaos, Stuttgart 1991, S. 38
3 N. Luhmann, Soziale Systems, Frankfurt a. M. 1984, S. 44

und perspektivisches Denken in Konfigurationen positiviert – Geist gibt es nur in Relation, Interaktion, Situation und Kontext. 2) Der infinite Regress wird in eine wissenschaftliche Ästhetik der Rekursion umgedeutet – das macht den Charme von Douglas Hofstadters Büchern aus. Auf dieser Basis können die alten Fetische der Philosophie wie Bewußtsein, Idee und freier Wille entzaubert und als emergente Phänomene im Gehirn neu begründet werden: Geist ist Emergenz als »a self-reinforcing ›resonance‹ between different levels [...] based on a kind of Strange Loop«[1].

So läßt sich eine technische Metapher für den Menschengeist finden, die nicht mehr auf die alte Maschinenmetaphorik reduziert werden kann. Wenn etwa Mihai Nadin den Geist als offenes Universum der Antizipation begreift, orientiert er die Metapher nicht mehr an Turings Maschine und ihren endlichen Zuständen, sondern an Schlüsselmodellen der Chaosforschung wie der Brownschen Bewegung und dem Markoff-Prozeß. Diese Metapher deckt die inkommensurable Persönlichkeit des Menschen genauso wie den Anspruch der totalen Berechenbarkeit. Denn Persönlichkeit ist nichts als die Selbstähnlichkeit eines Geistes, dessen fraktale Dimension eben ein *computable parameter* ist.

1 D. Hofstadter, Gödel, Escher, Bach, London 1979, S. 709

Lost in Cyberspace?

Identitätsprobleme der alteuropäischen Kultur unter neuen Medienbedingungen

Die Herausforderung der alteuropäischen Kultur durch die technische Wirklichkeit der neuen Medien hat Marshall McLuhan schon 1962 als Interface zweier Großstrukturen – heute würde man sagen: als Paradigmenwechsel – beschrieben. »Two cultures or technologies can, like astronomical galaxies, pass through one another without collision; but not without change of configuration.«[1] Dieser Wandel der kulturellen Grundbegriffe läßt sich genauer anschreiben. Die Welt der neuen Medien hat von Subjekt auf System und von Subjekt-Objekt-Beziehungen auf den Regelkreis Mensch-Welt umgestellt. Wo vor der elektronischen Schwelle noch die analoge Schau ein Subjekt der Vorstellung unterstellte, arbeiten heute digitale Schreib/Leseköpfe Projekte der Darstellung ab. Was einmal Geist hieß, schreibt sich heute im Klartext von Programmen an. Man kann es auch so sagen: Wo Gutenberg-Galaxis und die neue Medienwelt aufeinandertreffen, scheiden sich die Geister konkret in Programmierer und Programmierte. Während sich die Vertreter der alteuropäischen Kultur ans Buchstäbliche der Literatur, an Diskursgewalten wie Autorschaft und Copyright und an Fetische wie die Kreativität klammern, operiert man unter neuen Medienbedingungen längst formal-numerisch und algorithmengeleitet. Hypertexte brauchen keinen Autor, und Datenprocessing macht Genie schlicht überflüssig.

---

1 McLuhan, The Gutenberg Galaxy, S. 149

Wie immer man das werten mag – die Symptombeschreibung dürfte unstrittig sein. Bücher werden von Bildschirmen, das face to face vom interface verdrängt. Und die alten semantischen Fragen nach Bedeutung, Repräsentation und Intentionalität gleiten an einer EDV ab, die wie eine reine Inszenierung von Effekten prozediert. Jaron Lanier hat in diesem Zusammenhang von postsymbolischer Kommunikation gesprochen. Nicht nur spezifische Traditionen sondern Tradition schlechtweg läßt sich unter neuen Medienbedingungen wie Emergenz und Instantaneität nicht mehr fortschreiben – allenfalls in einem abendländischen Abschlußsaldo anschreiben. Deshalb spielen auch Ideologien (wie die ihnen geltende Form der Kritik) keine Rolle mehr, seit sich gesellschaftliche Macht in technischen Standards, Frequenzen, Reichweiten und Schaltplänen organisiert. Die virtuelle Medienwirklichkeit der telematischen Netzwerke läßt sich nicht mehr im Sinne bürgerlicher Öffentlichkeit als Forum oder politischer Schauplatz begreifen.

Doch wie kann man sie sonst begreifen? Und vor allem: mit welchen Begriffen? Auch hier läßt sich der Bruch mit der alteuropäischen Kultur durch klare Antithesen verdeutlichen. An die Stelle der linearen Rationalität der Gutenberg-Galaxis tritt heute ein Denken in Konfigurationen. Die adaequatio-Theorie der Wahrheit wird vom konstruktivistischen Kriterium des »Passens« einer Theorie abgelöst; Kausalität wird durch Rekursion, Klassifikation wird durch Pattern recognition ersetzt. Und wo immaterielle Pixelkonfigurationen in Computersimulationen den Schein einer stabilen Gegenständlichkeit auflösen, wird die Frage nach einer Referenz sinnlos. Mimesis, das ungreifbare Menschenvermögen, das sich dem Kulturbewußtsein der Gutenberg-Galaxis etwa in der Linie der zeichnenden Hand zeigte, erlischt in den Rechnungen hochauflösender digitaler Rastergraphiken. Und Natur, das berühmteste Reflexionsprodukt der alteuropäischen Kultur, wird unter neuen Medienbedingungen als programmierte Umwelt erkennbar.

Ich kann hier nur stichwortartig andeuten, von welcher Techno-Logik sich die neue Medienwelt abstößt: Die phonetische Schrift individualisiert, trennt die Sinne und opfert jene Welten der Bedeutsamkeit, die in Hieroglyphe und Ideogramm noch gespiegelt waren. Die Technologie des gedruckten Wortes – das typographische Prinzip der Uniformität, Kontinuität, Linearität, Reproduzierbarkeit und zentralistischen Organisation – ist zum Vernunftmodell der Gutenberg-Galaxis geworden. Im totalen typographischen Environment Alteuropas wird das Medium Schrift aus Selbstverständlichkeit unsichtbar: Der bloße Akt des Lesens versetzt in Trance, die Printmedien überziehen die Bewußtseine mit einem Tintennebel. McLuhan und Walter Ong haben sehr schön gezeigt, daß sich der Stolz der Neuzeit, die Entdeckung des Selbst, eben jener Technologie der Printmedien verdankt: »without these technologies the modern privatisation of the self and the modern acute, doubly reflexive self-awareness are impossible.« »For most people, their own ego image seems to have been typographically conditioned, so that the electric age with its return to inclusive experience threatens their idea of self.«[1]

* * *

Heute scheint sich Vicos Programm einer Mathematik als scientia operatrix zu erfüllen, die Welt konstruiert, indem sie schöne Beziehungen zwischen Punktformen und Zahlen bildet. Welt verstehen heißt, sie in Computerdarstellungen simulieren können. Insofern kann der sog. Radikale Konstruktivismus als Erkenntnistheorie der neuen Medienwirklichkeit begriffen werden: Realität wird als rein operationaler Zusammenhang gefaßt. Dem entspricht die Geschichtstheorie des Posthistoire. Massenmedien machen Geschichte schlicht dadurch unmöglich, daß sie die Quellen historischer Arbeit ins Unüberschaubare anwachsen lassen. Die neuen Medien lassen nur noch eine Geschichte erzählen – die ihrer selbst. Und auch diese Möglichkeit ist eine einmalige, schwindende. Denn um sich über Medien, die das technische Apriori unserer Existenz sind, Rechenschaft ablegen zu können, muß es noch eine strikte Entsprechung von Mediengenealogie und Ontogenese geben. Benjamin war der Zwillingsbruder des Telefons, Sartre der Zeitgenosse des Films; und wir sind die Geschwister des Computers. Aber Menschen, deren ontogenetische Entwicklung der Medienevolution parallel läuft,

1 Walter J. Ong, Orality and Literacy, S. 173; McLuhan, Understanding Media, S. 289

sterben aus. Schon heute sind Kinder elektronischer Kommunikation ausgesetzt bevor sie sprechen und schreiben können. Insgesamt läuft die Entwicklung der neuen Medien in der Evolutionskette des Menschen zurück. Sie hat »bei der am spätesten entwickelten Kommunikationsweise, der Schrift, angesetzt [...] und mit Hilfe des Funks auch das gesprochene Wort, dann sogar die sprachlose Kommunikation, das volle Bild, einbezogen«[1].

* * *

Der Übergang von der Buchkultur zur Telematik ist allerdings nicht nur der eigensinnigen Evolution technischer Verbreitungsmedien geschuldet. Das Informationsverarbeitungssystem Buch ist der Komplexität unserer sozialen Systeme nicht mehr gewachsen. Allenthalben experimentieren Wissenschaftler deshalb mit Formen nichtlinearer Darstellung, etwa in der konstruktivistischen Anweisung:

→ Beschreibe rekursiv! ↩

Hypertext und Hypermedia sind »umbrella terms« für die angestrebten Formen von Komplexitätsmanagement.

Das Hauptproblem in der Datenflut ist ja, zu wissen, was man weiß. Informationsüberlastung erscheint heute als Normalfall der Weltwahrnehmung. Deshalb stellt die Informationsgesellschaft immer entschiedener von verbaler auf visuelle Kommunikation um, denn man kann Information in numerischen Bildern viel stärker verdichten als in Sprache. Scientific Visualisation und Fraktale Geometrie sind prominente Beispiele dafür, wie man – computergestützt – komplexe Strukturen sichtbar machen kann. Damit endet die Epoche eines unanschaulichen Denkens und einer bilderlosen Textualität.

* * *

1 N. Luhmann, Soziologische Aufklärung III, S. 312

Unter Bedingungen der neuen Medien und Computertechnologien hat das sprechende Sein, das man Mensch nennt, Abschied genommen von einer Welt, die durch Repräsentationen geordnet war – und das heißt eben auch: Abschied genommen von einem Denken, das sich selbst als Repräsentation der Außenwelt verstand. Die *gadgets* der Informationsgesellschaft sind das unhintergehbare historische Apriori unseres Weltverhaltens; Programme haben die sogenannten Naturbedingungen der Möglichkeit von Erfahrung ersetzt. Und jedes Kind weiß heute, was nur noch die Intellektuellen der Gutenberg-Galaxis zu wissen hartnäckig sich weigern: daß sich nämlich die Videowelt, die unser Alltag ist, von der Newtonwelt endgültig emanzipiert hat. Ganz populistisch verwirklicht die Praxis des Programmierens, was Heidegger noch der Exzellenz des Daseins vorbehalten wollte: das entwerfend-Sein zu einem Seinkönnen. Persönlich heißt der Personal Computer ja deshalb, weil jeder, der programmieren kann, seine höchst eigenen regelgesteuerten Welten entwirft. Sie unterliegen Konsistenzanforderungen jenseits der physischen Realität – und nur diesen. Das ist der erkenntnistheoretische Grund für das Unbehagen kritischer Bewußtseine in der Simulationskultur.

Modernität ist für Lyotard die mit der Erfindung anderer Realitäten einhergehende Entdeckung »du peu de réalité de la réalité«[1]. Am Realen hatte das, was man Realität nennt, stets nur geringen Anteil. Deshalb besagt die Suspension des Realitätsprinzips in der Simulationskultur nicht auch schon, daß wir in unwirklicheren Welten lebten. Verändert hat sich lediglich das Maß des Wirklichen. Heute machen die allgegenwärtigen Bildschirme die Zweidimensionalität zum Realitätskriterium. D. h.: Was sich als wirklich verbürgen will, muß sich auf Monitoren kristallisieren. Diese Flächigkeit des Digitalen setzt sich zunehmend auch in einer Art Bildschirmarchitektur durch, die das Zweidimensionale wirklicher erscheinen läßt als das Handgreifliche. In diesem Kontext ist Manipulation ein rein deskriptiver Begriff, der sich nicht mehr ideologiekritisch auflösen läßt – denn es fehlt ein symmetrischer Gegenbegriff. Wenn Bilder aus alphanumerisch definierten Pixels aufgebaut sind, hat Manipu-

1 J. Lyotard, Le postmoderne, S. 24

lation ja immer schon stattgefunden. So zerbrechen die Horizonte der aufgeklärten Welt unter Medienbedingungen. Sichtbarkeit wird als Selektionsprodukt erkennbar. Bilder aus aller Welt ersetzen das Weltbild. Entsprechend werden Machtpraxis und Politik heute in einer Logistik der Wahrnehmung enggeführt – man spricht hier sehr prägnant von »perception management«. Dabei wirken die allgegenwärtigen Screens als Bild-Schirme auch in dem Sinne, daß sie einen ontologischen Vorrang des Bild-Seins vor dem Sein durchsetzen.

In der Flut errechneter Bilder ergreift die Repräsentanten der alteuropäischen Kultur eine »Angst vor der Bilderlosigkeit« (Valie Export). Heiner Müller spricht gar von einem »Verlöschen der Welt in den Bildern«[1]. Diese Angst reagiert auf die fortschreitende Ablösung technischer Bilder von so etwas wie Natur. Der Film leistete eine technische Implementierung des Imaginären (wie den Traum von der Natur oder die Natur des Traums) schlicht dadurch, daß er die Hälfte der Zeit dunkel ist. Nam June Paik hat den entscheidenden Schritt sehr genau beschrieben: »When you make films, you dye the chemicals with nature, through the lens. But in television, there is no direct relationship between reality and the picture, just code systems. So we go into time.«[2] Das elektronische Bild des Fernsehens ist aber noch analog codiert. Erst der Computer produziert dann ein rein numerisches Bild als Matrix von Codes in einem Datenraum.

Seither stellen die Technologien der Simulation die Differenz von Realem und Imaginärem infrage. Simulation ist der Grenzwert einer computergestützten Datenmanipulation auf der Basis einer abstrakten Befehlssyntax, die affirmiert, was nicht ist. Was heißt dann aber noch Übung, was Ernstfall? Unter neuen Medienbedingungen gibt es ja keinen Unterschied mehr zwischen der technischen Implementierung eines Spielbefehls und der eines realen Kommandos. Was in Woody Allans Purple Rose of Kairo noch ein Kinotraum bleiben mußte, wird nun technisch möglich: Menschen treten in die virtuelle Realität der neuen Medien ein. Nichts anderes meint das neue Zauberwort Cyberspace.

* * *

1 H. Müller, Kommentar zu Traktor, S. 12
2 N. J. Paik, Random Access Information, S. 47

In der technischen Wirklichkeit der neuen Medien ist der Mensch nicht mehr Souverän der Daten, sondern wird selbst in Feedback-Schleifen eingebaut. Stetig wächst der Anteil der Kommunikation, der an Maschinen statt an Menschen gerichtet wird. So läßt sich thesenhaft sagen, daß alle Identitätsprobleme der alteuropäischen Kultur aus eben jenen Anforderungen einer neuen Mensch-Maschine-Synergetik resultieren. Signalisiert wird das von Begriffen wie »interface« und Benutzeroberfläche. Design meint ja nichts anderes als die Überbrückung der Kluft zwischen Technik und Psychologie, also den Entwurf von Benutzeroberflächen. You press the button; we do the rest – warb die Firma Kodak 1888. Hundert Jahre später steuert der PC seine hilflosen User mit Kinderanweisungen wie »hit any key«. Der Welt als Datenfluß gegenüber formiert sich die Informationsgesellschaft als key-board society – man trifft nur noch auf Benutzeroberflächen.

* * *

Die Faszinationskraft der neuen Medien läßt sich mit Begriffen wie Fetischismus und Narzißmus nur unzureichend fassen; allenfalls ließe sich der enthusiastische Medienkonsum als funktionelles Äquivalent der Psychoanalyse begreifen. Es handelt sich ja um *gadgets*, die das Subjekt dezentrieren, die das Selbst in Schaltplänen auflösen. Der Mensch ist nicht mehr Werkzeugbenutzer sondern Schaltmoment im Medienverbund. Deshalb setzen sich immer mehr Computermetaphern für Selbstverhältnisse durch – der Mensch rastet in Schaltkreise ein.

Das ist der vorläufige Endpunkt einer Entwicklung, die schon Ende des 19.Jahrhunderts einsetzte. Damals ist die sog. Seele in einem Nervensystem erloschen, das nur aus Bahnungen besteht; Freud spricht von einem psychischen Apparat, der in seiner Technizität erkennbar und manipulierbar ist. Dem Zentralnervensystem erscheint ja der eigene Körper als Außenwelt, und die Großhirnrinde bildet alle Körperteile, je nach ihrer funktionellen Wertigkeit, neurologisch ab. Hier setzen die technischen Implementierungen an, die man neue Medien nennt. Es handelt sich also um Apparate, die nicht mehr die Leistungen der peripheren Sinnesorgane spiegeln, sondern die Befehlszentrale nachahmen, also das Nervensystem. Der Fernschreiber funktioniert als künstlicher Mund, das Telephonmembran implementiert das Ohr, Drähte die Nervenstränge, die photographische Platte ersetzt die Netzhaut, und der Film rekonstruiert die Wirklichkeit als neurologischen Datenfluß. Die Bedingung der neuen Medien liegt also in der physiologischen Analysierbarkeit und physikalischen Rekonstruierbarkeit des Zentralnervensystems.

Dem entspricht ein kybernetisches Menschenbild: Das ZNS erscheint als Steuerungssystem eines gigantischen Datenprozesses, das eine stabile Wirklichkeit errechnet. Wenn aber schon das menschliche ZNS Wirklichkeit »computiert«, ist es nur konsequent, das menschliche Urteil über computergestützte Modelle zu vermitteln – bis hin zur Technisierung der Entscheidung. An dem schon heute klar erkennbaren Endpunkt dieser Entwicklung wird die Datenverarbeitung ohne Menschen stehen: Schaltkreise implementieren ihre syntaktischen Regeln, das Programm ersetzt die Urteilskraft. Die alteuropäische Frage nach dem Geheimnis des menschlichen Geistes hat dann eine sehr profane Antwort gefunden: Speichern und Manipulieren von Datenketten.

* * *

Gregory Bateson hat Information definiert als »any difference that makes a difference«. Das stellt auf Unterscheidung und Binarisierung als Grundoperation des Weltverhaltens ab und setzt voraus, daß Medien das Rauschen des Realen mit Sinnformen kompatibel machen. Die neuesten Medien aber leisten etwas, was im Medium Sprache unmöglich ist – nämlich die digitale Abtastung des Realen in seiner stochastischen Streuung. Dem entspricht ein Begriff von Außenwelt als bloßer Datenkonfiguration. Wenn sie als »Botschaften« prozessiert werden, entstehen Symbolsequenzen im Zeitcode. So weit läßt sich Kommunikation mathematisieren, d.h. es ist sinnvoll, die statistische Datenverarbeitung nicht mit der »hermeneutischen« Selbstreferenz von Kommunikation zu vermischen. Man könnte geradezu von einer Unschärferelation zwischen Information und Bedeutung sprechen.

Mitteilungen der neuen Medien, v.a. der Massenmedien, sind nur Abfallprodukte ihrer Autopoiesis. Wichtiger als was mitgeteilt wird, scheint das Daß der Kommunikationen, in denen sich das

Mediensystem selbst reproduziert. In diesem Zusammenhang kann man die technische Medialisierung als Verlust erfahren – daß wir kein Gespräch mehr sind. Aber sie steigert die Anschlußfähigkeit der Kommunikationen. Gerade die neuen Medien stellen sicher, daß Kommunikationen laufen, auch wenn man sich nichts zu sagen hat. Technisch medialisierte Kommunikation hat also eine Doppelfunktion: a) sie ist der Selbsterreger der Gesellschaft; und b) sie konstruiert deren Realität.

* * *

Ich will hier nicht so tun, als ob es schon eine Theorie der neuen Medien gäbe, die zugleich und als solche das Pensum einer Gesellschaftstheorie leisten würde. Die Soziologie der symbolisch generalisierten Kommunikationsmedien läßt sich nicht auf die technische Wirklichkeit der neuen Medien ein, sondern subsumiert sie entweder unter »Verbreitungsmedien« oder klammert sie als »Maschinen« ein. Umgekehrt scheint Gesellschaft der blinde Fleck der bisher entwickelten Theorien der neuen Medien zu sein; sie haben sich ja gerade in polemischer Absetzung von neomarxistischen Theorien (Adorno, Prokop) ausdifferenziert.

Nun gibt es aber handfeste politische Probleme, die auf Schnittstellen von Gesellschaft und neuen Medien verweisen. Ich nenne nur zwei:

> a) Technologien sind schneller als die Legislative; so schaffen die neuen Medien rechtsfreie Räume (man denke nur an die Hacker oder die Frage des Copyright bei Hypermedia)
> b) Wir wechseln heute vom Kupfer- zum Glasfaserkabel. Das macht deutlich, wie gesellschaftliche Kommunikation – ganz unabhängig vom »Inhalt« – durch Selektionen, Standards und Parameter der neuen Medien definiert wird. Standards wie Frequenzen, Bildauflösung und Bandbreiten sind hochpolitische Entscheidungen (man denke nur um die Debatte über HDTV).

An solchen Fragen hätte eine Diskursanalyse der neuen Medien anzusetzen.

* * *

Die Effekte eines Mediums sind völlig unabhängig vom Programm. Mit dieser Einsicht hat McLuhan den Gegenpol zur qualitativen »content analysis« markiert. Bei der Emergenz neuer Medien ist immer zu beobachten, daß sie sich zunächst an älteren Medien orientieren, bevor sie sich am Maßstab der eigenen technologischen Möglichkeiten messen. Schließlich nehmen die neuen Medien dieses ursprüngliche Abhängigkeitsverhältnis in eigene Regie und funktionieren als Medien von Medien. Der Inhalt eines Mediums ist immer ein anderes Medium. Und es ist einer der wichtigsten Effekte des Inhalts, vom Medium abzulenken.

Es ist die Grundfunktion jedes Mediums, Informationen zu speichern und zu fördern, wobei die Speicherung den Zugang sichert; so versorgen uns Medien mit künstlichen Wahrnehmungen. Jedes Medium formiert menschliches Handeln, indem es, wie eine Metapher, Erfahrungen transformiert. Medien wirken wie Metaphern, sofern sie die Welt, die wir wahrnehmen, vorstrukturieren. In dieser Kraft zur Übersetzung gehen Medien über die Funktionen der Speicherung und des Austauschs hinaus. Bis zur Schwelle der neuen Medien jedoch haben die technologischen Extensionen der Sinne nur »closed systems« konstituiert. Während sich die Sinne des Menschen endlos ineinander übersetzen, waren ihre Extensionen in den Medien der Gutenberg-Galaxis als geschlossene Systeme interaktionsunfähig. »Now, in the electric age, the very instantaneous nature of co-existence among our technological instruments has created a crisis quite new in human history.«[1] In der Welt der neuen Medien wird das »interplay of senses« erstmals technisch implementiert. Der Terminus Medienverbund meint ja, daß es keine Einzelmedien mehr gibt. Und da alle technischen Medien heute digitalisierbar sind, können alle Daten im selben Speicher abgelegt werden. Der Medienverbund funktioniert dann als computergesteuertes Algorithmensystem.

Eben das aber ist das Betriebsgeheimnis einer Kultur, die sich heute anschickt, ihre alteuropäische Identität wie eine Schlangenhaut abzustreifen. Was vom objektiven Geist bleibt, sind Medienkoppelungen auf drei Ebenen:

1 McLuhan, The Gutenberg Galaxy, S. 5

a) der Inhalt eines Mediums ist immer ein anderes Medium – das war schon die Grunderfahrung McLuhans;
b) computergestützt werden alle Kommunikationsformen auf einer Benutzeroberfläche integrierbar – das ist die konkrete Software-Utopie der Hypermedia;
c) das große telematische Netzwerk ISDN verschaltet die Produktions- und Machtzentren der Informationsgesellschaft – das ist der Ehrgeiz der Post.

Literaturverzeichnis

Adorno, Theodor W., Drei Studien zu Hegel, Frankfurt a. M. 1970
– Gesammelte Schriften, Frankfurt a. M.
– Prismen, 3. Aufl., Frankfurt a. M. 1987
Artificial Intelligence, Daedalus, Winter 1988
Baudelaire, Les Fleurs du Mal, München 1977
– Nouvelles Fleurs du Mal, München 1977
Baudrillard, Jean, Simulacres et simulation, Paris 1981
Benjamin, Walter, Gesammelte Schriften, Frankfurt a. M.
– Über Kafka, Frankfurt a. M. 1981
Benn, Gottfried, Gesammelte Werke, 4. Aufl., Stuttgart 1977
Bense, Max, Aesthetica III: Ästhetik und Zivilisation, Krefeld und Baden-Baden 1958
Blumenberg, Hans, Arbeit am Mythos, Frankfurt a. M. 1979
– Höhlenausgänge, Frankfurt a. M. 1989
– Lebenszeit und Weltzeit, Frankfurt a. M. 1989
– Der Prozeß der theoretischen Neugierde, Frankfurt a. M. 1973
– Säkularisierung und Selbstbehauptung, Frankfurt a. M. 1974
Böhme, Jakob, Gnaden-Wahl, Hamburg 1715
Bolz, Norbert, Stop Making Sense, Würzburg 1989
– (Hg.) Wer hat Angst vor der Philosophie?, Paderborn 1982
le Carré, John, The Russia House, London 1989
Cohen, Hermann, Die Religion der Vernunft aus den Quellen des Judentums, Darmstadt 1966
Derrida, Jacques, La carte postale, Paris 1980
– De la grammatologie, Paris 1967
– La dissémination, Paris 1972
– L'écriture et la différence, Paris 1967
– Marges de la philosophie, Paris 1972
– Positions, Paris 1972
Dreyfus, H. L./Dreyfus, S. E., »Making a Mind Versus Modeling the Brain«, in: Artificial Intelligence, a. a. O.
Feuerbach, Ludwig, Werke, Frankfurt a. M.
Foucault, Michel, Histoire de la folie, Paris 1966
– Les mots et les choses, Paris 1966
– Die Sorge um sich, Frankfurt a. M. 1986
Freud, Sigmund, Aus den Anfängen der Psychoanalyse, Frankfurt a. M. 1962

– Der Mann Moses und die monotheistische Religion, Frankfurt a. M. (BS)
– Werke. Studienausgabe, Frankfurt a. M.
Habermas, Jürgen, Legitimationsprobleme im Spätkapitalismus, Frankfurt a. M. 1973
– Die Neue Unübersichtlichkeit, Frankfurt a. M. 1985
– Der philosophische Diskurs der Moderne, Frankfurt a. M. 1985
– Theorie des kommunikativen Handelns, Frankfurt a. M. 1981
– Zur Rekonstruktion des Historischen Materialismus, Frankfurt a. M. 1976
Hegel, G. W. F., Theorie-Werkausgabe, Frankfurt a. M.
Heidegger, Martin, Holzwege, 5. Aufl., Frankfurt a. M. 1972
– Kant und das Problem der Metaphysik, 4. Aufl., Frankfurt a. M. 1973
– Nietzsche, 4. Aufl., Pfullingen 1961
– Sein und Zeit, 15. Aufl., Tübingen 1979
– Der Satz vom Grund, 4. Aufl., Pfullingen 1971
– Unterwegs zur Sprache, 5. Aufl., Pfullingen 1975
– Vom Wesen des Grundes, 6. Aufl., Frankfurt a. M. 1973
– Was ist Metaphysik?, 10. Aufl., Frankfurt a. M. 1969
Heinrich, Klaus, Parmenides und Jona, Frankfurt a. M. 1982
– Versuch über die Schwierigkeit nein zu sagen, Frankfurt a. M. 1982
Henrich, Dieter, »Selbsterhaltung und Geschichtlichkeit«, in: H. Ebeling (Hg.), Subjektivität und Selbsterhaltung, Frankfurt a. M. 1976
Hofstadter, Douglas, Gödel, Escher, Bach, London 1979
Horkheimer, Max, Kritik der instrumentellen Vernunft, Frankfurt a. M. 1974
Horkheimer, Max / Adorno, Theodor W., Dialektik der Aufklärung, Frankfurt a. M. 1969
Johnson-Laird, P. N., The Computer and the Mind, London 1988
Jünger, Ernst, Das abenteuerliche Herz. Erste Fassung, Stuttgart
– Das abenteuerliche Herz, 14. Aufl., Stuttgart 1979
– Auf den Marmorklippen, Stuttgart 1960
– Aus der goldenen Muschel, Stuttgart 1984
Kafka, Franz, Beschreibung eines Kampfes. Novellen, Skizzen, Aphorismen, Frankfurt a. M. 1953
– Briefe 1902-1924, Frankfurt a. M. 1975
– Briefe an Milena, Frankfurt a. M. 1966
– Hochzeitsvorbereitungen auf dem Lande und andere Prosa, Frankfurt a. M. 1953
– Das Schloß. Apparatband, Frankfurt a. M. 1982
– Tagebücher 1910-1923, Frankfurt a. M. 1951
Kant, Immanuel, Grundlegung zur Metaphysik der Sitten
– Kritik der reinen Vernunft
Kierkegaard, Sören, Die Krankheit zum Tode, München 1976
Kojève, Alexandre, Introduction à la lecture de Hegel, 2. Aufl., Paris 1960

Krüger, Gerhard, »Die Herkunft des philosophischen Selbstbewußtseins«, in: Logos, Bd. 22 (1933)
Lacan, Jacques, Écrits, Paris 1966
- Encore, Weinheim 1986
- Le moi dans la théorie de Freud, Paris 1978
- Schriften I, Olten 1973
- Schriften II, Olten 1975
- Schriften III, Olten 1980
- Seminar XI, Olten 1986
- Télévision, Paris 1974
Luhmann, Niklas, Soziale Systeme, Frankfurt a. M. 1984
- Soziologische Aufklärung III, Opladen 1981
Lyotard, Jean François, Le postmoderne expliqué aux enfants, Paris 1988
Lukács, Georg, Werke Bd. 17: Heidelberger Ästhetik, Darmstadt / Neuwied 1974
Mann, Thomas, Doktor Faustus, Frankfurt a. M.
- Essays, Frankfurt a. M. 1978
Marquard, Odo, Schwierigkeiten mit der Geschichtsphilosophie, Frankfurt a. M. 1982
McClelland, J. L. / Rumelhart, D. E., Parallel Distributed Processing, vol. 2, Cambridge (Mass.) 1986
McCulloch / Pitts, »A Logical Calculus Immanent in Nervous Activity«, in: Bulletin of Math. Biophysics, vol. 5 (1943)
McLuhan, Marshall, The Gutenberg Galaxy, London 1962
- Understanding Media: The Extensions of Man, McGraw-Hill 1965
Müller, Heiner, Kommentar zu Traktor, Frankfurt a. M. 1988
Nadin, Mihail, Mind. Anticipation and Chaos, Stuttgart 1991
von Neumann, John, The Computer and the Brain, New Haven
Nietzsche, Menschliches Allzumenschliches
- Sämtl. Werke (dtv - de Gruyter), München
- Werke, hg. v. K. Schlechta, München
Novalis, Schriften, hg. v. R. Samuel, Stuttgart
Ong, Walter J., Orality and Literacy, London / New York 1982
Paik, Nam June, »Random Access Information«, in: Artforum, vol. 9 (1980)
Piaget, Jean, Le structuralisme, Paris 1968
Poe, Edgar Allan, The Tell-Tale Heart and Other Writings, New York 1964
- Selected Prose, Poetry and Eureka, New York 1950
Puder, Martin, Doppeldeutige Sprachfiguren bei Kant (Inaugural-Diss. 1968)
Ricœur, Paul, »Symbole et temporalité«, in: Archivo di Filosofia 1-2 (1963)
Rosenkranz, Karl, Ästhetik des Häßlichen, Königsberg 1853
Rosenzweig, Franz, Der Stern der Erlösung, Haag 1976
de Saussure, Ferdinand, Edition critique II, Paris 1974

Schelling, Philosophie der Offenbarung, Darmstadt 1974
– Sämtliche Werke, Stuttgart u. Augsburg 1860
Schmitt, Carl, Der Begriff des Politischen, Berlin 1963
– Ex Captivitate Salus, Köln 1950
– Der Wert des Staates, Hellerau 1917
Scholem, Gershom, Judaica 3, Frankfurt a. M. (BS)
– Judaica 4, Frankfurt a. M. (BS)
Shannon, Claude, A Symbolic Analysis of Relay and Switching Circuits, 1938
Simmel, Georg, Brücke und Tür, Stuttgart 1957
Taubes, Jacob, »Zur Konjunktur des Polytheismus«, in: K. H. Bohrer (Hg.), Mythos und Moderne, Frankfurt a. M. 1983
Theunissen, Michael, »Der Gebetsglaube Jesu und die Zeitlichkeit des Christseins«,
– Gesellschaft und Geschichte, Berlin 1969
– Hegels Lehre vom absoluten Geist, Berlin 1970
– »Hegel und die Dialektik«, in: Meyers Großes Universallexikon
– »Negativität bei Adorno«, in: Friedeburg / Habermas (Hg.), Adorno-Konferenz 1983, Frankfurt a. M. 1983
Virilio, Paul, L'horizon négatif, Paris 1984
Weber, Max, Gesammelte Aufsätze zur Religionssoziologie, 5. Aufl., Tübingen 1963
– Wissenschaft als Beruf, 6. Aufl., Berlin 1975
– Wissenschaftslehre, 4. Aufl., Tübingen 1973
Wiener, Norbert, Cybernetics, New York 1961